数字公共图书馆著作权限制研究

赵 力 著

知识产权出版社
全国百佳图书出版单位

图书在版编目（CIP）数据

数字公共图书馆著作权限制研究/赵力著. —北京：知识产权出版社，2018.2
（2019.7 重印）
ISBN 978-7-5130-5366-2

Ⅰ.①数… Ⅱ.①赵… Ⅲ.①数字图书馆—公共图书馆—著作权—研究
Ⅳ.①D913.404

中国版本图书馆 CIP 数据核字（2017）第 319404 号

内容提要

公共图书馆通过提供借阅服务，可实现弱势群体的信息资源利用，促进信息资源的平等公平共享。包括合理使用、法定许可使用、权利穷竭等规则的著作权限制制度适用于公共图书馆，有助于缩小信息鸿沟，促进信息正义的实现。三网融合技术、云计算技术、数据挖掘技术等拓展了公共图书馆的服务途径与功能。纸质环境下的传统著作权限制理论已难以适应技术的发展变革。欧美国家纷纷修改和拓展适用于图书馆的著作权限制规则。我国现行《著作权法》只规定图书馆为保存目的而对馆藏作品进行复制，《信息网络传播权条例》将图书馆信息网络服务提供局限于馆舍之内，与技术日新月异的发展不相适应。网络环境下权利人通过技术措施控制作品的复制与传播，数字公共图书馆私人使用、馆际互借、电子借阅、开放获取、数据挖掘受到不同程度的制约。本书以著作权限制制度中的合理使用制度和法定使用制度为主线，研究适用于数字公共图书馆的著作权限制制度，探寻数字时代权利人利益与公共利益合理边界的构建。

责任编辑：韩婷婷	责任校对：王　岩
封面设计：张　昊	责任出版：卢运霞

数字公共图书馆著作权限制研究
赵　力　著

出版发行：知识产权出版社有限责任公司	网　址：http://www.ipph.cn
社　址：北京市海淀区气象路 50 号院	邮　编：100081
责编电话：010-82000860 转 8359	责编邮箱：hantingting@cnipr.com
发行电话：010-82000860 转 8101/8102	发行传真：010-82000893/82005070/82000270
印　刷：北京虎彩文化传播有限公司	经　销：各大网上书店、新华书店及相关专业书店
开　本：787mm×1092mm 1/16	印　张：10.5
版　次：2018 年 2 月第 1 版	印　次：2019 年 7 月第 2 次印刷
字　数：163 千字	定　价：39.00 元
ISBN 978-7-5130-5366-2	

出版权专有　侵权必究
如有印装质量问题，本社负责调换。

目 录

导 论 ……………………………………………………………… 1

　一、本课题的研究对象 ………………………………………… 1

　二、本课题研究的理论和实践价值 …………………………… 1

　三、国内外研究的现状和趋势 ………………………………… 3

　四、本课题的研究思路和研究方法 …………………………… 5

第一章　数字公共图书馆著作权限制的理论基础 …………… 7

　第一节　人权视角下的数字公共图书馆著作权限制 ………… 8

　　一、著作权与人权的冲突 ……………………………………… 9

　　二、公共图书馆著作权限制的冲突协调原则 ……………… 13

　第二节　正义视角下的数字公共图书馆著作权限制 ………… 14

　第三节　公有领域视角下的数字公共图书馆著作权限制 …… 17

第二章　数字公共图书馆合理使用制度 ……………………… 19

　第一节　数字公共图书馆数据与内容挖掘合理使用 ………… 19

　　一、数据与内容挖掘及其应用 ………………………………… 21

　　二、数据与内容挖掘技术与著作权法的冲突 ………………… 21

　　三、数据与内容挖掘视角下欧盟司法实践新发展 …………… 24

　　四、数据与内容挖掘视角下的英国版权法新发展 …………… 28

　　五、《数字时代知识发现海牙宣言》背景与原则 …………… 31

六、《数字时代知识发现海牙宣言》的价值 ……………………… 33
　　七、数据与内容挖掘合理使用之借鉴 …………………………… 36
第二节　数字公共图书馆个人复制合理使用 …………………………… 38
　　一、公共图书馆视角下的个人使用价值 ………………………… 39
　　二、个人使用的内涵 ……………………………………………… 40
　　三、个人使用的著作权法困境 …………………………………… 43
　　四、英国个人使用制度的新发展 ………………………………… 44
　　五、公共图书馆视角下的个人使用制度完善 …………………… 46
第三节　数字公共图书馆馆藏数字化合理使用 ………………………… 48
　　一、美国图书馆馆藏数字化的版权争议 ………………………… 48
　　二、美国图书馆馆藏数字化版权争议的法院裁决 ……………… 49
　　三、美国图书馆馆藏数字化之鉴 ………………………………… 55
第四节　数字公共图书馆开放获取合理使用 …………………………… 57
　　一、学术期刊开放获取概述 ……………………………………… 58
　　二、国际学术期刊开放获取规则 ………………………………… 59
　　三、国外学术期刊开放获取规则 ………………………………… 60
　　四、学术期刊开放获取规则与"三步检测规则" ……………… 64
　　五、学术期刊开放获取规则之借鉴 ……………………………… 66
第五节　版权限制一般条款对数字公共图书馆的适用 ………………… 69
　　一、版权限制一般条款模式 ……………………………………… 69
　　二、图书馆视角下著作权限制一般条款的解释 ………………… 71
　　三、图书馆视角下著作权限制一般条款的评价 ………………… 75
　　四、公共图书馆视角下版权限制一般条款之借鉴 ……………… 77

第三章　数字公共图书馆法定许可使用 …………………………………… 79

第一节　数字公共图书馆电子借阅法定许可使用 ……………………… 79
　　一、公共借阅权和电子借阅的理论争鸣 ………………………… 79
　　二、VOB v. Stichting Leenrecht 案争议焦点 …………………… 82
　　三、数字环境下公共借阅权的法务官意见 ……………………… 84

四、VOB v. Stichting Leenrecht 案欧洲法院判决评析 …………… 90
　　五、VOB v. Stichting Leenrecht 案之借鉴 …………………………… 93
第二节　数字公共图书馆孤儿作品法定许可使用 …………………… 97
　　一、孤儿作品的内涵 …………………………………………………… 97
　　二、数字公共图书馆视角下的孤儿作品问题 ……………………… 98
　　三、孤儿作品合理勤勉检索 ………………………………………… 102
　　四、孤儿作品数字化合理勤勉检索的原则 ………………………… 105
　　五、我国孤儿作品合理勤勉检索规则的构建 ……………………… 112
　　六、孤儿作品数字化合理勤勉检索的范围 ………………………… 115
　　七、孤儿作品数字化合理勤勉检索后的补偿金支付 ……………… 120

第四章　数字公共图书馆著作权限制与许可协议、技术措施 …… 128

第一节　数字公共图书馆著作权限制与许可协议 …………………… 128
　　一、公共图书馆视角下许可协议与著作权限制之冲突 …………… 128
　　二、公共图书馆视角下许可协议与著作权限制之发展 …………… 130
　　三、公共图书馆视角下许可协议与著作权限制之协调 …………… 133
第二节　数字公共图书馆著作权限制与技术措施 …………………… 135
　　一、公共图书馆视角下的技术措施及其弊端 ……………………… 135
　　二、美国反规避立法及其例外制度 ………………………………… 136
　　三、欧盟反规避立法及其例外制度 ………………………………… 138
　　四、欧美反规避立法及其例外的中国借鉴 ………………………… 138

第五章　多边著作权立法新进展及中国应对 ………………………… 140

第一节　加快著作权保护的多边立法进程 …………………………… 140
　　一、ACTA …………………………………………………………… 140
　　二、TPP ……………………………………………………………… 142
第二节　规定图书馆著作权限制的多边立法进程 …………………… 145
　　一、《马拉喀什条约》 ………………………………………………… 145
　　二、WIPO 图书馆版权限制与例外草案 …………………………… 147

第三节　多边著作权立法新进展的中国应对 …………………… 153
　　一、应对多边协定著作权保护加强的趋势 ………………………… 153
　　二、充分利用 WIPO 多边谈判平台 ………………………………… 153
　　三、促进视障者著作权限制国内立法 ……………………………… 154

参考文献 …………………………………………………………………… 156

致　谢 ……………………………………………………………………… 162

导 论

一、本课题的研究对象

著作权限制制度的逻辑在于，通过限制权利人排他权利，实现权利人利益与公共利益的平衡。广义的著作权限制制度包括保护客体范围限制、思想表达二分法、版权保护的独创性条件、版权保护期限限制、版权权利穷竭等。公共图书馆承担着传播文化信息、实现公民终身教育、促进文化和科技繁荣的功能。数字时代，公共图书馆缩小数字鸿沟、保障信息公平、促进社会正义的功能更为凸显。本课题以著作权限制制度中的合理使用制度和法定使用制度为主线，研究适用于数字公共图书馆的著作权限制制度，探寻数字时代权利人利益与公共利益合理边界的构建。

二、本课题研究的理论和实践价值

（一）本课题研究的理论价值

1. 适应新技术发展，借鉴西方经验，完善我国著作权法理论。三网融合技术、云计算技术、数据挖掘技术等拓展了公共图书馆的服务途径与功能。纸质环境下的传统著作权限制理论，已难以适应技术的发展变革。世界知识产权组织、国际图联拟订图书馆著作权例外条约草案，欧美国家纷纷修改和拓展适用于图书馆的著作权限制规则。然而，现行的《中华人民共和国著作权法》(以下简称《著作权法》) 只规定图书馆为实现保存目的而对馆藏作品进行复制，《信息网络传播权条例》将图书馆信息网络服务提供局限于馆舍之内，已与技术日新月异的发展不相适应。亟须构建适用于数字公共图书馆的著作权限制理论框架，完善我国著作权法理论。

2. 促进信息正义。公共图书馆通过提供免费服务，实现弱势群体的信息资源利用，促进信息资源的平等公平共享。然而，网络环境下著作权人通过技术措施控制作品的复制与传播，数字公共图书馆私人使用、馆际互借、电子借阅、开放获取、数据挖掘受到不同程度的制约。包括合理使用、法定许可使用、权利穷竭等规则的著作权限制制度，适用于数字公共图书馆，有助于缩小信息鸿沟，促进信息正义的实现。

3. 保护人权。网络环境下著作权人利益保护呈扩张趋势，但适用于公共图书馆的著作权限制制度存在滞后性，著作权人利益与公众信息自由获取权、受教育权存在潜在冲突。研究适用于数字公共图书馆的著作权限制理论，以人为本，有助于协调著作权与人权的冲突。

(二) 本课题研究的实践价值

1. 促进《中华人民共和国公共图书馆法》(以下简称《公共图书馆法》)立法目标的实现。我国 2015 年年底公布《公共图书馆法（征求意见稿）》，提出公共图书馆应当加强数字资源建设，为公众提供数字服务。公共图书馆所涉及的著作权限制问题，需要在著作权法的框架内统筹解决。研究新技术背景下适用于公共图书馆的著作权限制制度，有助于促进新技术条件下，数字公共图书馆发挥信息传播、文化传承、公共服务的功能。

2. 借鉴欧美著作权法修改成果，完善我国《著作权法》。晚近，欧美国家的著作权法修改与图书馆有着密切关联。例如，英国 2014 年 7 月版权法的修改和欧盟 2015 年年底开始的著作权法的现代化涉及数据挖掘复制例外，2013 年德国《著作权法》和 2015 年荷兰《著作权合同法》涉及开放获取著作权例外，美国 2015 年 11 月《数字千年版权法案》的修改涉及图书馆技术措施规避例外。正值我国《著作权法》第三次修改之时，密切关注和研究欧美国家的著作权法修改动态，有利于完善我国《著作权法》。

三、国内外研究的现状和趋势

（一）国外研究的现状和趋势

国外学者对于适用于图书馆的著作权限制制度的研究成果主要分为以下几方面：

（1）采用比较研究方法，对适用于图书馆著作权限制制度的价值和内容进行研究，如 WIPO 研究员 Kenneth D. Crews 认为，图书馆例外是世界各国著作权法结构中的根本要素，在推动图书馆服务、实现著作权法的社会目标方面作用重大。基于 188 个国家的研究，图书馆例外主要包括：1）一般性图书馆例外；2）供研究和学习的复制例外；3）保存或替代复制例外；4）馆际互借或文献传递例外；5）反规避例外。（2）采用案例研究方法，结合 Google 图书馆案对适用于图书馆的著作权限制制度进行评述。Brett D. Rhodes 在《著作权法与 Google 图书馆计划概览》（*Copyright Law and a Brief Look at the Google Library Project*）一书中提出，合理使用制度应当适用于类似于 Google 图书馆计划的数字图书馆。（3）分析现行适用于图书馆著作权限制制度之不足。德国哥廷根大学 Séverine Dusollier 教授认为，欧盟公共借阅权制度目前并不适用于网络环境，商业数字借阅方兴未艾，公共数字借阅步履维艰，应当针对数字公共借阅规定著作权限制规则。美国伯克利大学 David R. Hansen 教授认为，应当坚持网络环境下的知识可及性和技术中立原则，对美国《版权法》第 108 条进行修改。

晚近，欧美国家的著作权法修改与图书馆有着密切关联。关于图书馆复制权例外方面，英国 2014 年 7 月版权法修改、欧盟 2015 年年底开始的著作权法现代化涉及数据挖掘复制权限制。关于图书馆信息网络传播权限制方面，2013 年德国《著作权法》和 2015 年荷兰《著作权合同法》，对于公共资金资助的学术期刊作品，规定"二次公开"例外，不论著作权转让或许可合同如何规定，作者在首次发表一年之后，保留向公众无条件开放获取学术期刊作品的权利。美国 2015 年 11 月《数字千年版权法案》修

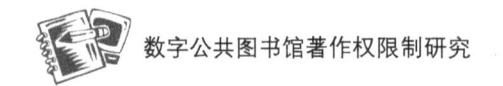

改中则涉及图书馆技术措施规避例外问题。我国有必要密切关注欧美国家的著作权法修改动态，以完善我国《著作权法》。

（二）国内研究的现状和趋势

国内学者关于图书馆著作权限制的研究主要有以下成果：

（1）评介世界知识产权组织、国际图联等国际组织图书馆著作权限制的立场与进展，分析其对中国的借鉴意义。徐轩、孙益武在所著的《论国际图联关于图书馆版权限制与例外的立场及其启示》中提出，应当借鉴国际图联《关于图书馆和档案馆的版权限制与例外的条约建议稿》，加强图书馆版权限制与例外相关问题研究，推动和完善国内立法。（2）从国别比较入手，分析欧美国家的图书馆著作权限制与例外及其对中国的借鉴。肖燕所著的《网络环境下的著作权与数字图书馆》分析了20世纪90年代中期以来问世的中外新著作权法，讨论与作品数字化、数据库制作、网络资源采购与许可、数字资源使用、电子文献传递有关的著作权问题。马海群等人所著的《面向数字图书馆的著作权制度创新》，分析了主要国家的著作权限制制度，认为我国著作权法存在缺乏合理使用一般性原则条款、缺失图书馆法定许可使用制度、图书馆侵权免责条款等问题。秦珂、豆敏、李姝娟在所著的《图书馆著作权管理问题研究》中，比较了中国、美国、澳大利亚图书馆合理使用著作权规则。（3）以第三次著作权法修改为背景，分析我国适用于图书馆的著作权限制之不足，并提出完善建议。吉宇宽在所著的《图书馆合理分享著作权利益诉求研究》中，从图书馆与著作权制度的关系、分享著作权利益的法理支撑、分享著作权利益的经济价值、图书馆获取著作权授权模式、著作权侵权控制、付酬机制等方面进行研究。黄国彬在所著的《著作权例外与图书馆可适用的著作权例外》中，结合国内外图书馆界对图书馆可适用的著作权例外的诉求，提出构建符合我国国情的可适用于图书馆的著作权例外立法框架。

首先，国内学者目前的研究对于晚近欧美主要国家的著作权法修改中涉及的数据挖掘、开放获取、技术措施规避等图书馆例外的关注尚不充分，对于欧美学者在电子借阅中的著作权限制方面的关注尚不充分，对于我国正在进行的《公共图书馆法》立法中涉及的适用于公共图书馆的著作权限制关注尚不充分。其次，国内学者多从降低图书馆建设成本、减少图书馆资源建设和服务中的侵权风险等实用主义的角度论证适用于图书馆的著作权限制之必要性与可行性，对于信息可及性、公共借阅权、作者与公共利益平衡、适用于图书馆的著作权限制在《与贸易有关的知识产权协议》（以下简称《TRIPS 协议》）第 13 条下的合规性等基础理论问题仍有一定的研究空间。最后，著作权限制制度旨在平衡作者利益与公共利益，目前国内学者的研究主体大多为一般图书馆，针对公共图书馆、非营利性信息建设与传播行为的研究仍有较大的发展空间。

四、本课题的研究思路和研究方法

（一）本课题的研究思路

本课题从人权保护、公平正义、公有领域理论角度论证数字公共图书馆著作权限制的理论基础，从著作权中与图书馆服务密切相关的复制权和信息网络传播权入手，结合数据挖掘、私人使用、馆际互借、电子借阅、开放获取等目前数字公共图书馆面临的突出和热点问题，结合欧美最新立法与案例，分析我国适用于数字公共图书馆著作权限制制度的构建。

（二）本课题的研究方法

1. 文本分析法

本课题分析 WIPO、国际图联关于图书馆著作权限制的最新研究报告，以及西方学者的最新著述理论。分析 ACTA、TPP 等晚近加强著作权保护的多边条约文本、WIPO 通过的《关于为盲人、视力障碍者或其他印刷品阅读障碍者获得已出版作品提供便利的马拉喀什条约》文本，分析其对于适用于公共图书馆的著作权限制制度的挑战与机遇。

2. 比较分析法

比较分析 2013 年德国《著作权法》修改、2014 年英国《版权法》修改、2015年荷兰《著作权合同法》、2015年美国《数字千年版权法案》修改、2015年年底开始的欧盟著作权法现代化等欧美国家晚近立法修改中涉及图书馆著作权限制的内容。

3. 案例分析法

分析涉及数字挖掘与著作权限制的欧洲法院 Infopaq Ⅰ 案、Infopaq Ⅱ 案，分析涉及公共借阅权在数字环境领域延伸的欧洲法院 VOB v. Stichting Leenrecht 案，分析涉及图书馆馆藏数字化争议的美国 Authors Guild v. Hathitrust 案和 Authors Guild v. Google 案。

第一章

数字公共图书馆著作权限制的理论基础

著作权制度①起源于英国议会1709年通过的以保护作者权利为主要目标的《安娜法令》。《安娜法令》规定,作者本人是版权保护的本源,对已出版的著作采取有期限的保护,标志着以保护作者利益为宗旨的版权制度的诞生。随着科学技术的发展和国际交往的频繁,国家间经济相互依存程度提高,1858年在布鲁塞尔举行的文学与艺术作品作家代表会议上,各国开始就建立著作权国际保护机构的问题进行磋商,并于1886年签订了《伯尔尼公约》,该公约为世界多数国家相互之间保护著作权的基础性公约。

著作权限制制度的逻辑在于,通过限制权利人排他权利,实现著作权人利益与公共利益的平衡。著作权限制制度确保公众对于社会信息的知悉权,公众自由获得信息的利益也为法律采取著作权限制制度所认可。广义的著作权限制制度包括保护合理使用、法定许可使用、客体范围限制、思想表达二分法、版权保护的独创性条件、版权保护期限限制、版权权利穷竭等;狭义的著作权限制制度规定于《伯尔尼公约》第9条第2款,即著作权应当"限于某些特殊情形""不与作品的正常利用相冲突""不致不

---

① 笔者在之后的行文过程中,对于大陆法系国家,采用"著作权法"表述;对于英美法系国家,采用"版权法"表述。

合理地损害作者的正当利益"。① 合理使用制度和法定许可使用制度是著作权限制制度的核心。所谓合理使用,是指在特定条件下,法律允许他人自由使用著作权作品而不必征得著作权人的同意,也不必向著作权人支付报酬的情形。所谓法定许可使用,是指基于法律明文规定,可以不经著作权人许可,以特定的方式有偿使用他人已经发表的作品的行为。

公共图书馆通过提供免费服务,实现弱势群体的信息资源利用,促进信息资源的平等公平共享。三网融合技术、云计算技术、数据挖掘技术等拓展了公共图书馆的服务途径与功能。然而,网络环境下著作权人通过技术措施控制作品的复制与传播,数字公共图书馆私人使用、馆际互借、电子借阅、开放获取、数据挖掘受到不同程度的制约。纸质环境下的传统著作权限制理论,已难以适应技术的发展变革。网络环境下著作权人利益保护呈扩张趋势,与之相对,适用于公共图书馆的著作权限制制度存在滞后性,著作权人利益与公众信息自由获取权、受教育权存在潜在冲突。包括合理使用、法定许可使用、权利穷竭等规则的著作权限制制度,适用于数字公共图书馆,有助于缩小信息鸿沟,促进信息正义的实现。

第一节 人权视角下的数字公共图书馆著作权限制

现代意义的人权概念的基础在启蒙运动时期得以阐释和发展。启蒙思想家抛弃了自然权利思想的神学内容,认为仅凭人类的理性就可以获得自然权利。18世纪美国革命和法国革命爆发,人权这一概念成为人们用以捍卫自己权力的武器,并将"自然权利"改为"人权"。② 第二次世界大战后,为防止轴心国的政策造成的空前灾难再次发生,国际社会越来越关注

---

① 朱理. 著作权的边界——信息社会著作权的限制与例外研究 [M]. 北京:北京大学出版社,2011:15.
② 詹姆斯·格里芬. 论人权 [M]. 徐向东,刘明,译. 南京:译林出版社,2015:2.

对人权和基本自由的法律保护与社会保护。① 《联合国宪章》（以下简称《宪章》）中关于人权的条款为保护人权奠定了基础，进一步改善人权保护状况。在《宪章》序言中规定，成员国"重申基本人权……以及男女平等权利之信念"。《宪章》第五十五条规定："联合国应促进：较高之生活水准，全民就业，及经济与社会发展……全体人类之人权及基本自由之普遍尊重与遵守……"② 联合国大会于1948年通过了综合性的《世界人权宣言》，尽管该宣言不是一个法律文件，但宣言被很多法庭明确引用，在一定程度上对国内法的内容产生了影响，宣言所具有的间接法律效力不容低估。联合国大会于1966年通过了《经济、社会和文化权利国际公约》和《政治权利和公民权利国际公约》。③

一、著作权与人权的冲突

《TRIPS协议》在序言中宣示"知识产权为私权"，明确了知识产权的本质属性。近代启蒙思想家关于财产权与人权关系的阐述，是知识产权寓含人权蕴义的重要思想渊源。主要的国际人权公约则赋予了知识产权人权意义。这种权利包括两个方面的内容，首先是创造者对自己的智力创造成果所享有的权利，其次是社会公众分享智力创造活动所带来利益的权利。④ 著作权限制制度，作为协调著作权权利人智力创造成果之权与社会公众分享之权的平衡器，促进了公有领域拓展以及文化传播。然而，伴随着技术的不断发展，以图书馆为代表的社会公共服务文化机构能够借助先进的复制、传播、分享技术，可为公众提供更为优质的文化服务，而著作权限制制度存在一定的滞后性，一方面使得图书馆公共文化服务面临风险；另一方面导致著作权与受教育权、公民社会文化权、言论自由权、视障者权存在一定的冲突。

---

① 伊恩·布朗利. 国际公法原理 [M]. 曾令良，等，译. 北京：法律出版社，2003：498.
② 伊恩·布朗利. 国际公法原理 [M]. 曾令良，等，译. 北京：法律出版社，2003：1.
③ 伊恩·布朗利. 国际公法原理 [M]. 曾令良，等，译. 北京：法律出版社，2003：502.
④ 吴汉东. 知识产权的私权与人权属性——以《知识产权协议》与《世界人权公约》为对象 [J]. 法学研究，2003（3）：66-78.

（一）著作权与受教育权的冲突

1948年《世界人权宣言》第26条规定了受教育权，"教育的目的在于充分发展人的个性并加强对人权和基本自由的尊重"。联合国经济、社会和文化权利委员会对受教育权作出权威解释，即教育既是一项人权的内容，也是不可或缺的实现人权的方式。教育是经济上和社会上处于边缘的成人和儿童摆脱贫困并完全参与社群的主要工具。受到良好教育、启蒙的、有活力的思想，能够自由、广泛地驰骋，是人类存在的喜悦和奖赏。[①]

著作权权利人对作品享有的垄断权利，要求其他人使用时支付一定的费用，使得学习和接受教育的成本提高，可能会使一些社会成员因经济等原因而丧失受教育的机会。公共图书馆一方面尊重和维护著作权人的私权利益，以激励更多智慧作品的产生；另一方面，图书馆依据著作权限制制度，保障公众正常接近作品，维护公民的受教育权。

数字技术日新月异的发展，丰富了信息的传播和利用形式。图书馆的数字化建设能够更好地发挥图书馆传播知识、促进教育与科研的功能。然而，鉴于图书馆藏文献数字化利用尚缺乏明确的法律依据，著作权争议成为制约图书馆数字化建设的重要瓶颈之一，美国 Authors Guild v. Hathitrust 案、Authors Guild v. Google 案即为明证。

Authors Guild v. Hathitrust 案中，2008年10月美国13所大学联合建立了一个数字化的图书馆，并创立了一个名为 Hathitrust 的组织来管理这个数字化图书馆。Authors Guild 为代表的创作者联盟在美国纽约南部地区法院起诉 Hathitrust 数字图书馆侵犯了他们的合法权益，指控 Hathitrust 数字图书馆不经授权就使用他们的图书和资源。Authors Guild v. Google 案涉及 Google 与一些世界主要的研究型图书馆签订协议，协议内容为参与的图书馆从其馆藏中挑选图书提交给 Google 纳入图书计划，Google 对此类图书进

---

① Committee on Economic, Social and Cultural Rights, General Comment 13, The Right to Education [R]. 2003. UN. Doc. HRI/GEN/Rev. 6.

行扫描，提炼出机器可读的文本。Google 保留图书原始扫描图片，加强机器可读文本的准确性。Google 图书馆计划扫描了数以百万计的图书。Google 图书馆计划创造了文本和数据挖掘这一新的研究形式。Google 图书馆计划使得读者能够有限地阅读书籍文本，Google 图书检索除了能够展示检索单词和术语出现的页码，还能展示包含该单词和术语的文本片段。原告 Authors Guild 以此向法院提起诉讼。

（二）著作权与社会文化权的冲突

1948 年《世界人权宣言》第 27 条第 1 款规定，人人有权自由参加社会的文化生活，享受艺术，并分享科学进步及其产生的福利。从技术措施保护分析，随着技术日新月异的进步，权利人日益依靠技术手段扩大权利，《世界知识产权组织版权条约》（World Intellectual Property Organization Copyright Treaty，WCT）和《世界知识产权组织表演和录音制品条约》（WIPO Performances and Phonograms Treaty，WPPT）对于技术措施的保护，使得原本属于公有领域的部分内容受到权利人的控制，公众的社会文化权利受到影响。从著作权执法保护加强的趋势来看，一些国家关于知识产权执法赋予网络服务商对涉嫌侵权的网络用户断网的权力，从而限制了用户及时、完整地获得网络信息，参与社会文化生活的权利。

随着网络时代的发展，面对数以千计的网络用户，基于便利与经济原则，大多数公司选择与消费者订立格式合同。为了最大限度地提高效益和保护自身权益，拆封合同和点击合同被广泛采用，合同许可条款对于个人使用进行了限制。与此同时，以授权协议为基础的数字版权管理措施，对个人使用也造成一定程度的限制。数字版权管理的技术控制，体现在对于作品的接触控制和使用控制两个方面。只有授权的人，才能接触作品。数字版权管理将用户的合理使用建立在获得许可方或者第三方的许可基础之上。数字版权管理和格式合同使得非展示使用、非消费使用、复制等行为难以进行，阻碍了在生命安全、公共健康、节能环保、教育等方面的研发和创新。

(三) 著作权与言论自由权的冲突

1948 年《世界人权宣言》第 19 条规定言论自由权，即人人有权享有主张和发表意见的自由。互联网发展日新月异，由个人单纯被动浏览网页的 Web1.0 时代过渡到个人积极参与互联网信息传播的 Web2.0 时代。用户生内容（User-generated Content，UGC）勃兴，即终端用户将自己创作或编辑的内容通过网络平台展示或者提供给其他用户，社区网络、视频分享、博客、播客、微博、微信等自媒体成为主要形式。如果著作权限制制度不能紧跟时代的发展，涵盖阅读、复制、学习、研究、引用、滑稽模仿等行为，公民的言论自由权可能受到著作权保护的影响。

(四) 著作权与阅读障碍人士权的冲突

《联合国残疾人权利公约》确立了残疾人人权保护的"有差别的平等原则"。所谓"差别"，即指差别对待，核心要义是承认残疾人的权利必须通过特别保护措施才能实现；"平等"意味着对残疾人采取差别对待的最终目的是实现残疾人与正常人获得平等的机会和社会生活环境。可以说，"差别"是手段，"平等"是目的；"差别"不是为了造成不平等，而是为了促进"平等"的实现。因此，该公约并未给残疾人增设新的人权，只是特别重申和宣示了残疾人与其他人同样享有的人权与自由，强调各缔约国保障残疾人人权的义务和责任。①

2013 年 6 月 28 日，在摩洛哥的马拉喀什会议上，WIPO 通过了《关于为盲人、视力障碍者或其他印刷品阅读障碍者获得已出版作品提供便利的马拉喀什条约》（以下简称《马拉喀什条约》）。该条约将缓解 3 亿多视障人士无法获取 90% 以上出版书籍的问题。② 而目前我国《著作权法》存在视障者无障碍格式版规定不充分、"被授权实体"不明确的问题，对于视障人士阅读权利保护并不周严。我国《著作权法》对无障碍格式版的合理

---

① 曲相霏.《残疾人权利公约》与残疾人权利保障 [J]. 法学，2013，(08)：105-112.
② 吉宇宽. 图书馆盲人与视障者服务著作权豁免研究 [J]. 国家图书馆学刊，2014，23(3)：53-58.

使用仅规定了"盲文作品"一种,实际上,无障碍格式版作品在类型上有三种:一是盲文图书;二是扩大文字版图书(俗称"大字书");三是录音图书(俗称"有声读物")。根据《马拉喀什条约》的规定,具体从事视障者文献信息服务且有能力承担相应义务的图书馆,应当被认定为"被授权实体"。目前我国《著作权法》对于公共图书馆的"被授权实体"地位缺乏相应的规定。

二、公共图书馆著作权限制的冲突协调原则

(一)法益优先原则

所谓法益,即法律所承认、实现和保护的利益,权利是法益保护的重要内容。权利之间存在位阶,总有一些权利具有优先性,甚至是社会存在的基础。法益优先保护原则,是指在权利之间存在冲突时,根据权利的重要程度确定其受保护的位阶,具有基础地位的权利优先获得保护。[①]相对于知识产权这一专有财产权而言,受教育权、社会文化权、言论自由权应当获得优先保护。原因在于:第一,受教育权、社会文化权、言论自由权具有基础性地位,是人之生存与发展的必要条件,不可或缺;第二,一般情况下,受教育权、社会文化权始于公民出生,而知识产权则属于通过后天劳动所获得的"在后性"权利。三网融合技术、云计算技术、数据挖掘技术等拓展了公共图书馆的服务途径与功能。然而,纸质环境下的传统著作权限制理论,已难以适应技术的发展,亟须协调与变革。

(二)平衡原则

人们普遍认为一个人的自由很容易与另一个人的自由相冲突,然而,自由权的内容是受到约束的,每个人的自由都必须符合所有人的同等自

---

① 苏青. 法益理论的发展源流及其启示 [J]. 法律科学(西北政法大学学报),2011 (03):76–83.

由，则被建构进人们的自由中恰好是某种程度的和谐，而不是冲突。① 康德提出的"普遍正当原则"可作为一个对自由进行分配的原则，即"如果一个行动可以按照一个普遍法则与每个人的自由相共存，或者说，如果按照这个行动的准则，每个人的选择自由都可以按照一个普遍法则与任何其他人的自由相共存，那么任何这样的行动都是正当的"，因此，一个人的自由必须符合所有人的同等自由。② 著作权的逻辑在于通过赋予权利人特定时间的垄断性权利，促进公有领域内容的增加。著作权限制制度的功能是权利人、使用者之间的安全阀与平衡器。当权利人通过技术措施超越著作权限制制度，对于公众个人使用、表达自由、受教育权和社会文化权造成一定影响，从而产生权利人与使用者之间的冲突，对权利人采用技术措施的自由加以一定程度的限制，重新界定著作权限制制度的边界具有正当性。

第二节　正义视角下的数字公共图书馆著作权限制

美国国家远程通信和信息管理局（NTIA）于1999年提出，数字鸿沟（Digital Divide）是指拥有信息时代的工具的人以及那些未曾拥有者之间存在的鸿沟。③ 我国中西部经济欠发达地区居民、偏远农村地区居民、农村进城务工人员、低收入人群、老年人、残疾人正在因为各种主客观原因成为信息弱势群体。

罗尔斯认为："社会和经济的不平等首先应被限制在社会地位和财富收入的领域中，其次这种不平等还受制于两个严格的条件：一个是机会的公平平等，另一个是要符合最少受惠者的最大利益。"④ 形成信息的社会、文化、经济、法律和政治力量日益多元和广泛，信息广泛影响专业、社会

---

① 詹姆斯·格里芬. 论人权 [M]. 徐向东, 刘明, 译. 南京：译林出版社, 2015：70.
② 詹姆斯·格里芬. 论人权 [M]. 徐向东, 刘明, 译. 南京：译林出版社, 2015：71.
③ 韦路, 张明新. 第三道数字鸿沟：互联网上的知识沟 [J]. 新闻与传播研究, 2006 (4)：43-53.
④ 约翰·罗尔斯. 作为公平的正义——正义新论 [M]. 姚大志, 译. 上海：上海三联书店, 2002：95.

第一章 数字公共图书馆著作权限制的理论基础

实践、文化生活。信息及信息相关技术日益与教育、就业、社会交往、社会参与密不可分，但不同人群接触信息和使用信息存在差异性。有学者指出，信息可获得性、信息素养、知识自由、言论自由和其他信息行为在网络时代应当成为权利和正义的应有之义。[1]

适用于公共图书馆的著作权限制制度，在信息鸿沟背景之下，承担着促进信息弱势群体受教育权利、言论自由、政治和社会文化权利保障的平衡器功能。公共图书馆作为免费公共服务的提供主体，能够有效地发挥弥合数字鸿沟的作用。公共图书馆是传播教育、文化、信息的重要力量，承载着提供免费教育资源的功能，能够促进知识、思想、文化、信息的自由开放，促进社会公众行使民主权利和发挥参政议政能力的提升。

在著作权合理使用方面，首先，数据与内容挖掘能够增进对于未发现的公共知识的可及性，并且能够对经济、社会、文化生活提供重要的预见。在当今科研环境下使用数字资源，存在私人权利和公共产品之间的矛盾。政策制定者发现将上游数据和信息资源视为公共产品，应当广泛共享，以期产生更多的下游商业应用，提高公共福利。目前《著作权法》禁止对于科学数据和文献的接触权。数据与内容挖掘的复制行为、精炼信息与传统著作权法上的复制概念存在冲突。自动程序要求对于全部作品不断地复制，上述行为表面上看来构成著作权侵权行为。但是，自动数据与内容挖掘中，复制行为的目的，在于从文本行为中精炼信息。精炼信息行为与著作权法上的侵权复制并不一致。其次，在个人使用方面，受制于出版商著作权许可协议和技术措施，数字化公共图书馆为学习研究使用的个人使用受到不同程度的制约。改革以个人使用为代表的版权合理使用制度，有利于跨越数字鸿沟，促进信息正义。再次，在馆藏数字化方面，数字技术日新月异的发展，丰富了信息的传播和利用形式。图书馆的数字化建设能够更好地发挥图书馆传播知识、促进教育与科研的功能。纸质环境下的传统著作权限制理论，难以适应技术发展的

---

[1] Robinson L T K. Libraries, human rights and social justice: enabling access and promoting inclusion [J]. Australian Academic & Research Libraries, 2016 (1): 1-2.

要求。我国《著作权法》仅规定图书馆为保存版本目的可对馆藏作品进行复制，《信息网络传播权条例》将图书馆信息网络服务提供局限于馆舍之内，与技术发展不相适应。然而，鉴于图书馆馆藏文献数字化利用尚缺乏明确的法律依据，版权争议成为制约图书馆数字化建设的重要瓶颈之一。复次，开放获取（open access），是指提供对科学知识的自由和不受限制的获取。在数字时代，传统的出版模式存在诸多问题。图书馆、大学、科研机构需要支付高额费用提供科技信息这一公共产品。由于出版商的限制，科研成果仅能在订阅学术期刊的机构内部传播。开放获取模式对于读者突破学术期刊的价格瓶颈而获得学术成果，促进学术科研成果广泛、迅捷传播，增强学术科研成果这一公共产品的正外部性效应，减轻图书馆、大学、科研机构的经济压力，促进出版模式多元化，具有重要的社会价值。电子学术期刊数据库通常需要采取整体购买的方式，国内外大型学术期刊数据库价格的逐年上涨，对于图书馆、高校和科研机构而言，是越来越沉重的负担。另一方面，中小型创新企业受制于成本因素，很难接触学术期刊，科技信息传播的范围客观上受到一定程度的限制。学术期刊出版过程中，出版者处于强势地位，而作者处于弱势地位。出版者对于学术期刊论文的使用提出诸多限制条件，要求作者签订著作权转让的格式合同，通过独占许可或者排他许可的方式转让著作权，不允许作者在其他机构保存和传播电子版论文。出于论文顺利发表的考虑，大多数作者会被迫接受著作权转让格式合同。

在法定许可使用方面，首先，公共借阅权是作者按其每本有版权的图书在公共图书馆中被借阅的次数收取版税的权利。[1] 关于公共借阅权国内学者尚有分歧，鉴于数字技术的发展，国外已存在公共借阅权扩展至电子书的趋势。其次，孤儿作品，其基本内涵在于著作权人无法找到或者无法联系。我国《著作权法》第三次修改草案对孤儿作品的合理勤勉检索问题并未进行规范。合理勤勉检索规则在美国国内税收法典、联邦证据法规则、通知送达等领域的适用能够明晰该规则的内涵与外延，欧盟和美国的

---

[1] 郑成思. 知识产权法若干问题 [M]. 兰州：甘肃人民出版社，1985：118.

孤儿作品的合理勤勉检索规则对我国构建相关制度有借鉴意义。孤儿作品合理勤勉检索规则的构建应当符合翔实性、优选化、确真性、差异性、效率性、中介化与协同化。

第三节 公有领域视角下的数字公共图书馆著作权限制

一方面，与公共产品一样，作品可能在某一时空条件下为不同的主体同时使用，那些没有为公共产品消费出资的人，被法律经济学称为"搭便车者"。作品的创作需要付出较大的代价，而作品传播的费用相对较小，作品的使用者有可能成为"搭便车者"，即无偿地复制他人作品的情形。保护作者取得使用作品的垄断权，才能有效激励其在文学艺术和科学领域方面的创作。否则，原创者缺乏创作动力，新的作品会日渐稀少。

另一方面，作品和信息具有"知识共有物"的特性。人类科学、文化、技术发展和人类文明的进步需要汩汩流淌的活水源头，需要丰富的公有领域增进知识储存。著作权限制制度将被划分为专有领域和公有领域，在专有领域，著作权人可以充分行使其权利；在公有领域，社会公众能够自由使用作品。正如 Wendy J. Gordon 认为，一个强大的公有领域对于国家科学和文化的健康发展至关重要，没有丰富的公有作品做保障，私权作品的产权终将失去合理性基础。公有物之所以能够使私权作品的产权保持一种延续的状态，是因为在很多情况下，作品的创造不是来自零的某种创造，而是需要对已有的材料、成果进行归纳、提炼、整合、重构。这一过程既是一个创造性过程，也是一个利用公有领域养分的过程。[①]

数字公共图书馆具有信息资源数字化存储、信息组织网状化、信息检索智能化、信息传播网络化、信息利用共享化、信息实体虚拟化的特点，[②]在传播知识、服务教育的过程中，能够更有效地发挥其维护公有领域的职

[①] 吉宇宽. 图书馆合理分享著作权利益诉求研究［M］. 北京：中国社会科学出版社，2015：49.

[②] 马海群. 面向数字图书馆的著作权制度创新［M］. 北京：知识产权出版社，2011：5.

能。数字技术、三网融合、云计算等技术促进图书馆服务提供功能的提高，催生了数字图书馆、移动图书馆、数字电视图书馆、手机电视台等服务模式，公众对于信息的获取和利用更加便利。然而，网络环境下权利人对于作品的控制手段加强，著作权协议和技术措施使得权利人可以对作品的接触实施有效的控制，强化著作权保护。然而，在应对著作权协议和技术措施的著作权例外制度方面，存在滞后性，使得图书馆信息服务功能受到一定的限制，而信息技术时代的信息鸿沟成为制约社会和谐与进步的重要问题之一。亟须重构新技术背景下的著作权限制制度，维持权利人与使用者的合理边界，让著作权限制制度有效发挥促进权利人与使用者利益平衡的"安全阀"功能。

第二章

数字公共图书馆合理使用制度

第一节 数字公共图书馆数据与内容挖掘合理使用

用户资源管理是现代图书馆资源管理的核心内容，是图书馆实现个性化服务的重要基础。数据挖掘作为一种深层次的数据分析方法，可以从大量数据中挖掘出反映用户属性特征和信息行为特征的信息和规则，从而为图书馆用户资源管理提供极大的帮助。[①] 所谓数据挖掘（data mining）[②]，是指对在文本或者数据集的自动程序进行分析，以获得新知识。数据挖掘的过程在于，作品首先被数字化，即能够成为电脑自动程序的对象。电脑自动程序包括基础应用，例如，能够使作品和作品中的信息迅速和有效地恢复；也包括一些复杂应用，例如，通过电脑程序提炼（extract）或者精细加工（elaborate）信息。根据国际图联的定义，所谓内容挖掘（content

---

① 周倩. 数据挖掘在图书馆用户资源管理中的应用研究 [J]. 图书情报知识，2006（06）：87-90.

② "data mining"在计算机科学研究领域通常译为"数据挖掘"。"挖掘"（mining）一词是指从作为信息来源的文本中提炼（extract）数据，就像从作为自然资源的土壤中提取矿物质，强调数据分析的深度与精度。在涉及"数据挖掘"的立法进展方面，2014年6月英国《著作权法》修改，增设数据分析（data analysis）复制例外制度。综上所述，笔者将"data mining"译为"数据挖掘"。

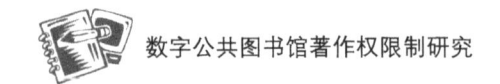

mining），是指从机器可读的材料中得到信息的过程。内容挖掘的流程为复制大量材料，精练数据，并重新组合数据以预测新的发展趋势。内容挖掘的核心在于对文本的自动程序分析，以获得新知识。

数据与内容挖掘技术视角下，作品的复制和使用行为根据现行《著作权法》的规定，存在构成侵权的风险。欧美司法实践中，关于数据与内容挖掘下的作品复制和使用行为是否符合著作权合理使用问题，存在相互冲突的裁决。尽管 Google 图书案和解协议中，允许数据与内容挖掘下的"非展示使用"（non-display use）和"非消费使用"（non-consumptive research），欧盟国家的 Google 图书案亦多为判决 Google 公司构成著作权侵权行为。在 Infopaq Ⅰ、Ⅱ案中，应丹麦最高法院之请求，欧洲法院于 2009 年、2012 年分别作出咨询意见。

英国学者 Ian Hargreaves 在独立报告《数字机遇：知识产权与发展之反思》中提出，鉴于数据挖掘具有较高的技术发展潜力和较强的实用价值，目前英国版权法限制与例外已经不能满足技术发展的需要。[①] 英国版权法在 2014 年 6 月的修订中，增加了涉及数据挖掘著作权例外。英国著作权法数据挖掘复制例外制度，其概念为：对于有权接触作品的主体，非商业研究的数据挖掘之复制行为，不构成著作权侵权。英国版权法修改，在原有条文的基础上增加 29a 款，即数据挖掘复制例外，对数据挖掘复制例外的主体要件、目的要件、形式要件作出了规范。同时，鉴于转让行为、非单一商业性使用行为、交易行为等可能威胁数据挖掘复制非商业性目的之例外情形作出规定，上述三种行为仍然构成著作权侵权行为。

数据与内容挖掘意义上的复制和使用行为是否构成传统意义上的著作权合理使用？通过司法判决，个案处理争议的方式，能否有效协调数据与内容挖掘和著作权法之间的冲突？技术进步是否要求对于数据与内容挖掘行为作为著作权例外单独立法？中国《著作权法》应当作何选择？本文考察欧美国家应对数据与内容挖掘技术对著作权法之挑战，及其著作权立法与司法实践晚近发展，试图回答上述问题。

---

① Ian Hargreaves. Digital Opportunity: A Review of Intellectual Property and Growth [R]. 2011.

第二章　数字公共图书馆合理使用制度

一、数据与内容挖掘及其应用

新技术使人类认识世界和自身的方式发生了变革。随着计算机处理能力增长、网络迅速发展、政府信息公开，高新技术不仅是应对大数据时代的方式，同样是数据时代知识发现的关键，数据与内容挖掘技术即是其中之一。所谓数据挖掘（data mining），是指对于在文本或者数据集的自动程序进行分析，以获得新知识。数据挖掘的过程在于，作品首先被数字化，即能够成为电脑自动程序的对象。电脑自动程序包括基础应用，例如能够使作品和作品中的信息迅速和有效地恢复；也包括一些复杂应用，例如通过电脑程序提炼（extract）或者精细加工（elaborate）信息。根据国际图联的定义，所谓内容挖掘（content mining），是指从机器可读的材料中得到信息的过程。内容挖掘的流程为复制大量材料，精练数据，并重新组合数据以预测新的发展趋势。内容挖掘的核心在于对在文本的自动程序进行分析，以获得新知识。

数据与内容挖掘能够增进对未发现的公共知识的可及性，并且能够对经济、社会、文化生活提供重要的预见。内容挖掘的优点包括但不限于以下方面：（1）阐释包括气候和全球流行病在内的重大变化；（2）促进公众健康、财富和发展；（3）创造岗位和促进就业；（4）提高研究效率，促进科学发展；（5）提高政府及其行为的透明度；（6）促进创新与合作，并增进开放科学的影响；（7）提供新的和更丰富的文化见解。

二、数据与内容挖掘技术与著作权法的冲突

（一）数据与内容挖掘下的非展示与非消费使用

在 Google 图书案中，自动文本分析与著作权发生关联。Google 图书和解协议中，对数据与内容挖掘下的"非展示使用"和"非消费使用"进行定义。所谓"非展示使用"，是指不对数字化图书中的表达向公众展示的使用。非展示使用主要包括不对公众展示的书目提要，不展示表达的全文

索引、书籍章节中的关键术语索引等。Google 公司被允许对作品进行不经赔偿的非展示使用。所谓"非消费使用",是指由电脑对一本或者更多作品进行分析的研究,但该研究中并无研究者阅读或者展示书籍内容以理解书籍中所呈现的知识内容。非消费使用主要包括文本、语言和图像分析、文本或者信息精练分析、自动翻译、检索和研究等。在 Perfect 10, Inc. v. Amazon, Inc. 案①中,"法院认为在检索引擎上使用缩略图可能更多的为转化形式的使用,鉴于检索引擎提供了对于原创作品全新的使用方式",缩略图应当属于著作权合理使用范畴。

欧盟司法实践中,对于涉及数据与内容挖掘的使用是否属于著作权合理使用存在不同观点。在法国,Google 图书馆服务被认为在部分来源于法国的作品使用方面,违反法国著作权法。争议焦点在于,Google 公司数字化作品,未经作者事先同意,制作作品摘要并使得该内容经检索可获得,是否侵犯著作权。作品在美国复制扫描,内容使得包括法国在内的全世界使用者可获得。Google 公司在抗辩中认为,案件根据《伯尔尼公约》第5(2)款,应当适用美国著作权法上的合理使用规则。法国法院驳回上述抗辩,并认为适用法应当为互联网侵权行为发生地,即主张侵权行为发生地的法律。原告为设立于法国的公司,法国与该诉讼有最密切的联系;案件涉及法国作者的作品和法国出版社;数字化作品目标阅读者亦在法国。因此应当适用法国的法律。Google 公司复制全部作品,随机选择提炼摘要的行为,严重影响作为整体的作者人身权利,与合理使用规则不符,不属于合理使用的范畴。在德国,德国汉堡地区法院认为,网络搜索引擎展示微缩图片不得适用德国著作权法关于著作权例外的规定,构成著作权侵权。在英国,英国法院认为,Google 图书馆案被判决不得使用著作权法公平使用之规则,构成著作权侵权。②

---

① Perfect 10, Inc. v. Amazon.com, Inc., 508 F.3d 1146 (9th Cir. 2007).
② Eleonora Rosati. Copyright: Google Books' Library Project is fair use [J]. Journal of Intellectual Property Law & Practice, 2014, 9 (2): 104 – 106.

（二）数据与内容挖掘下的复制

有着广泛发展前景的自动文本挖掘与著作权法之间存在冲突。大数据环境下的文本挖掘存在商业和研究两方面的应用。以欧洲法院 Infopaq 咨询案所涉的内容挖掘服务为例，内容挖掘程序包括 5 个步骤。第一，Infopaq 公司在数据库中人工对相关出版物进行登记。第二，出版物的书脊被拆散，出版物变成活页并开始扫描。扫描的章节由出版物被放入扫描仪之前，在登记数据库中决定。扫描过程使得出版物每页生成 TIFF 文档。扫描完成之后，TIFF 文档被传送至 OCR（光学文字识别）机器。第三，OCR 机器将 TIFF 文档转换为二进制数据，并能够被文本挖掘软件所识别。第四，对文本进行关键词检索，每次确定关键词，在每篇文档中关键词所包含的比率按照 0 至 100 排列。为了更为方便地检索文献，最终文档被删除。第五，在文本挖掘结束时，涉及检索关键词的页数被打印于封面。

从宏观层面分析，如同 Jerome Reichman 和 Ruth Okediji 指出的，在当今科研环境下使用数字资源，存在私人权利和公共产品之间的矛盾。政策制定者发现将上游数据和信息资源视为公共产品，应当广泛共享，以期产生更多的下游商业应用，提高公共福利。与之相反，知识产权法禁止对于科学数据和文献的接触权，要求自动的知识发现工具，该工具建立在无拘束的接触和重复复制基础之上。[①] 从微观层面分析，数据与内容挖掘的复制行为、精练信息与传统著作权法上的复制概念存在冲突。一方面，自动程序要求对于全部作品不断复制，上述行为表面上看来构成著作权侵权行为。另一方面，自动文本挖掘中，复制行为的目的，在于从文行为本中精练信息。精练信息行为与著作权法上的侵权复制并非一致。

[①] Jerome H. Reichman, Ruth Okediji. When Copyright Law and Science Collide: Empowering Digitally Integrated Research Methods on a Global Scale [J]. Minnesota Law Review, 2012, 96: 1362.

三、数据与内容挖掘视角下欧盟司法实践新发展

（一）Infopaq I 欧洲法院咨询意见

1. 案件事实与程序

Infopaq 公司运营媒介管理和分析业务，主要包括从每日出版丹麦新闻报纸及其他期刊中起草摘要。摘要文章根据客户同意的主题以及"数据获取程序"进行，最后的摘要结果以邮件的形式发送给客户。DDF 公司是丹麦专业的日报出版商，DDF 向 Infopaq 公司投诉其数据获取程序。Infopaq 公司向丹麦西部地区法院提起诉讼，要求确认 Infopaq 公司有权在丹麦进行"数据获取程序"，无须经过 DDF 及其成员的同意。丹麦西部地区法院驳回 Infopaq 公司的起诉后，Infopaq 公司向丹麦最高法院提出上诉。

2. 争议焦点

欧洲议会和欧共体理事会于 2001 年 5 月 22 日通过《关于协调信息社会特定版权和邻接权指令》（Directive 2001/29/EC of the European Parliament and of the Council of 22 May 2001 on the Harmonization of Certain Aspects of Copyright and Related Rights in the Information Society，以下简称 2001/29 号指令）。2001/29 号指令第 2 条规定了复制权，根据第 2 条 a 款规定，成员方应当规定，作者对于其作品，有排他许可权，或者禁止通过任何方式和任何形式，直接和间接、临时和永久、全部和部分复制。本案的争议焦点在于，Infopaq 公司的行为是否构成复制。

2001/29 号指令第 5 条"限制与例外"第 1 款规定，对于第 2 条规定的临时复制行为，若为短暂的或者偶然的，构成技术过程的完整和实质部分，且仅为实现以下目的对作品的使用：（a）网络传输中与第三方之间的中间使用（intermediary use）；（b）合法使用，且不具有独立的经济价值，应当被排除在本指令第 2 条之外。2001/29 号指令第 5 条"限制与例外"第 5 款规定，本条规定之限制于例外，仅适用于特定特殊案件，不与作品

的正常利用形成冲突,不得不合理地歧视权利人的合法利益。该案争议焦点在于,Infopaq公司之行为,若构成复制,是否符合临时复制之例外。

3. 欧洲法院咨询意见

欧洲法院认为,临时性的或者短暂的复制,应当构成技术程序中的完整和实质性部分,复制行为不得超过合理完成该技术程序所必需的限度。[①] 2001/29号指令,要求复制行为自动产生、自动删除,不存在人为干涉。权利人法律的确定性,要求对于复制行为存储和删除不依赖自然人之干预,特别是不受作品使用者之干预。在争议复制行为的程序中,没有关于涉及自然人的行为将予以删除的保障。[②] "临时性"行为,是指行为的存续仅限于为完成技术程序所必需。该程序必须具有自动性,即复制行为能够在不受自然人干预的条件下,自动删除。[③]

欧洲法院认为,Infopaq公司最初两项复制行为,即扫描产生TIFF文件和由TIFF文件获得文本文件,能够构成短暂性复制,只要在电脑内存在,上述复制能够自动删除。[④] 第三项复制行为,即储存精练11个单词,提交法院的证据并不能够评估对于技术程序是否是自动的、及时删除复制、不受使用者意志干扰,以及在技术程序终结后,上述复制是否继续存在。[⑤] 对于数据获取程序中的最后复制行为,Infopaq公司在程序之外进行复制,即打印包含精练11个单词的文档,复制即以纸质介质的方式进行。[⑥] 复制一旦以纸质介质固定,仅在纸质介质被损坏的时候消失。[⑦] 而

[①] Infopaq International A/S v. Danske Dagblades Forening, Case C-5/08, [2009]. (Infopaq I), para. 61.

[②] Infopaq International A/S v. Danske Dagblades Forening, Case C-5/08, [2009]. (Infopaq I), para. 62.

[③] Infopaq International A/S v. Danske Dagblades Forening, Case C-5/08, [2009]. (Infopaq I), para. 64.

[④] Infopaq International A/S v. Danske Dagblades Forening, Case C-5/08, [2009]. (Infopaq I), para. 65.

[⑤] Infopaq International A/S v. Danske Dagblades Forening, Case C-5/08, [2009]. (Infopaq I), para. 66.

[⑥] Infopaq International A/S v. Danske Dagblades Forening, Case C-5/08, [2009]. (Infopaq I), para. 67.

[⑦] Infopaq International A/S v. Danske Dagblades Forening, Case C-5/08, [2009]. (Infopaq I), para. 68.

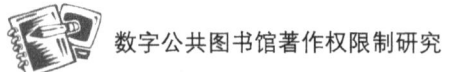

且，鉴于数据获取程序表面上看并不存在损坏介质的程序，删除复制完全取决于程序使用者的意志，并不确定使用者是否愿意处理复制品，而上述决定了复制品可能根据使用者的需要存续很长时间。① 综上所述，欧洲法院认为Infopaq公司的复制行为不符合2001/29号指令关于复制例外的规定。

（二） Infopaq Ⅱ欧洲法院咨询意见

丹麦最高法院认为，其仍有权请求欧洲法院作出咨询意见，除去打印精练11个字的行为，Infopaq公司的其他三类复制中，是否构成违反欧共体2001/29号指令。丹麦最高法院提出7个咨询问题。

欧洲法院咨询意见如下。首先，应当注意，2001/29第5（1）款的规定具有累积效力，不符合其中的任何一个条件，都有可能导致复制行为不属于例外的情形。其次，应当注意2001/29第5（1）款属于一般例外条款，应当予以严格解释。

1. 复制行为是否构成"完整和实质性的技术过程"

欧洲法院认为，丹麦最高法院第1、2个问题涉及复制行为构成"完整和实质性的技术过程"。"完整和实质性的技术过程"，要求临时复制行为在技术过程实施中的完整语境下进行。不得部分或者全部在上述程序之外实施。② 本案涉及的技术环节，包括对于报纸文章的电子自动研究，识别和精练先前定义的关键词，为更有效率地撰写摘要。③ 存在三种复制行为，即通过文件扫描获得TIFF格式文本，复制TIFF文本，最后获得包括11个精练单词的文档。④

---

① Infopaq International A/S v. Danske Dagblades Forening, Case C - 5/08, [2009]. （Infopaq Ⅰ）, para. 69.
② Infopaq International A/S v. Danske Dagblades Forening, Case C - 302/10, [2012]. （Infopaq Ⅱ）, para. 30.
③ Infopaq International A/S v. Danske Dagblades Forening, Case C - 302/10, [2012]. （Infopaq Ⅱ）, para. 33.
④ Infopaq International A/S v. Danske Dagblades Forening, Case C - 302/10, [2012]. （Infopaq Ⅱ）, para. 34.

欧洲法院认为，首先，争议案件所包括的行为没有在技术过程之外实施的情形。[①] 其次，涉案技术过程中的临时复制行为若包括对于所有报刊文章的人工扫描使印刷介质变为数字介质，并不相关。[②] 最后，应当注意到，涉案技术程序若无复制行为，就无法精确地和高效率地实施。综上所述，涉案临时复制行为构成"完整和实质性的技术过程"。

2. 复制行为是否构成中间或者合法使用作品

欧洲法院认为，丹麦最高法院第3、4个问题涉及复制行为是否必须满足某一特定目的，以作为在网络中传播保护的作品或者客体，构成中间或者合法使用作品。

欧洲法院认为，首先技术过程中的数据收集，其目的在于更为高效率地起草报刊文章的摘要。其次，技术过程中，精练的11个单词，并无其他使用目的。[③] 在使用目的是否合法问题方面，尽管撰写摘要并未获得著作权人的许可，但是上述行为并未被欧盟著作权立法所明确禁止。[④] 综上所述，复制行为不能被认为是非法行为。[⑤]

3. 复制行为是否不具有独立的经济重要性

欧洲法院认为，丹麦最高法院的第5、6个问题涉及复制行为是否"不具有独立的经济重要性"。对于2001/29号指令第5（1）款的临时复制行为，旨在为接触和使用受著作权法保护作品提供可能。鉴于作品本身具有特殊的经济价值，接触和使用该作品亦不可避免地具有经济重要性。然而，复制行为不得具有独立的经济重要性，即由复制行为产生的经济利益不得与对于作品合法使用产生的经济利益不同或者可分割。复制行为不得

[①] Infopaq International A/S v. Danske Dagblades Forening, Case C–302/10, [2012]. (Infopaq Ⅱ), para. 35.

[②] Infopaq International A/S v. Danske Dagblades Forening, Case C–302/10, [2012]. (Infopaq Ⅱ), para. 36.

[③] Infopaq International A/S v. Danske Dagblades Forening, Case C–302/10, [2012]. (Infopaq Ⅱ), para. 43.

[④] Infopaq International A/S v. Danske Dagblades Forening, Case C–302/10, [2012]. (Infopaq Ⅱ), para. 44.

[⑤] Infopaq International A/S v. Danske Dagblades Forening, Case C–302/10, [2012]. (Infopaq Ⅱ), para. 45.

产生超越其复制作品的独立经济价值。① 本案中，由临时复制产生的效益，因其仅使得被复制作品的价值具体化（materialize），既非与被复制作品不同，也非与被复制作品可分割。②

4. 复制行为与作品的正常使用和作者的合法利益

欧洲法院认为丹麦最高法院的第 7 个问题涉及 2001/29 号指令是否必须被解释为，数据获得程序（data capture process）中的临时复制行为，应当满足复制行为既不与作品的正常利用冲突，也不构成对作品权利人合法利益的损害。③ 欧洲法院认为，2001/29 号指令第 5（5）款之规定，应当被解释为，若符合 2001/29 号指令第 5（1）款规定之情形，复制行为应当不与作品的正常利用发生冲突，也不得构成对著作权人合法利益的损害。

四、数据与内容挖掘视角下的英国版权法新发展

英国学者 Ian Hargreaves 的独立报告《数字机遇：知识产权与发展之反思》中提出，鉴于数据挖掘具有较大的技术发展潜力和较强的实用价值，目前英国著作权法限制与例外已经不能满足技术发展的需要。版权法与技术的不适应性和不协调性，是英国版权法限制与例外变革的背景。鉴于版权法限制与例外制度应技术发展而变革所具有的普遍性价值，应当研究和借鉴其合理性。④

英国版权法数据挖掘复制例外制度，其概念为：对于有权接触作品的主体，非商业研究的数据挖掘之复制行为，不构成版权侵权。英国《版权法》修改，在原有条文的基础上增加 29a 款，即数据挖掘复制例外，对数据挖掘复制例外的主体要件、目的要件、形式要件作出了规范。同时，鉴于

---

① Infopaq International A/S v. Danske Dagblades Forening, Case C–302/10, [2012]. (Infopaq Ⅱ), para. 50.
② Infopaq International A/S v. Danske Dagblades Forening, Case C–302/10, [2012]. (Infopaq Ⅱ), para. 51.
③ Infopaq International A/S v. Danske Dagblades Forening, Case C–302/10, [2012]. (Infopaq Ⅱ), para. 55.
④ Ian Hargreaves, Digital Opportunity: A Review of Intellectual Property and Growth [R]. 2011: 10.

转让行为、非单一商业性使用行为、交易行为等可能威胁数据挖掘复制非商业性目的之例外情形作出规定，上述三种行为仍然构成著作权侵权行为。

（一）英国版权法的数据挖掘之要件

1. 主体要件

英国版权法数据挖掘复制例外制度，其主体要件为对于作品有权接触作品之主体。接触权这一概念源自美国《数字千年版权法案》（*Digital Millennium Copyright Act*，DMCA）。该法案明确区分对于控制接触技术的规避和对于权利保护技术的规避。接触控制并非受到著作权的排他性保护，而作品本身受到著作权的保护。美国《数字千年版权法案》表面上建立了对于作品的接触权，但并未明确接触之结果是否造成侵权。英国版权法数据挖掘复制例外，采用合法接触权这一术语，解决了美国《数字千年版权法案》接触权含义模糊的问题。但是，对于合法接触权的具体含义，有必要在借鉴他国合理经验的基础上，加以明确规范。

2. 目的要件

英国版权法数据挖掘复制例外制度，其目的应当同时满足为分析数据和内容、单一非商业性目的两个条件。

（1）数据挖掘之目的

英国版权法数据挖掘复制例外制度规定，对于作品有接触权者复制，其复制目的在于，对于作品中记录的内容进行计算机分析。首先，尽管英国版权法修改的技术背景关于数据挖掘，在立法措辞方面，采用了"分析"（analyze）这一去技术化的概念，但其内涵能够包括数据挖掘的核心内容，即寻找数据中的重要元素、精练数据、发现数据规律和重要信息等。其次，数据挖掘复制例外对于复制的手段加以限制，即仅限于依靠计算机的分析，避免在非大数据处理的传统语境中，数据挖掘复制例外可能对于著作权人产生的权利限制。再次，英国《著作权法》数据挖掘复制例外的数据挖掘为广义概念，既包括对数据的分析，也包括对内容的分析。

（2）单一非商业性目的

英国版权法数据挖掘复制例外制度规定，不构成侵权的复制，应为单一非商业性目的。鉴于数据挖掘技术的广泛应用,可能适用于为公共利益的数据挖掘,也可能适用于商业环境。单一非商业性目的,有助于数据挖掘宗旨确定的准确性。商业环境之下,数据挖掘例外存在激励不足的风险,可能出现"搭便车者",影响商业化数据挖掘领域的资金和技术投入。

3. 形式要件

英国版权法数据挖掘复制例外制度,其形式要件在于,该复制行为伴随着充分的认可。形式要件的例外在于,若承认因可行性或者其他原因而不可能,则此情形下不作出承认亦未违反数据挖掘复制例外之形式要件。

(二)英国版法的数据挖掘之限制

根据英国版权法数据挖掘复制例外制度,存在转让行为、超越目之行为、交易行为的情形之下,数据挖掘复制仍构成著作权侵权。

1. 转让行为

英国版权法数据挖掘复制例外,不适用于存在转让行为的情形。所谓转让行为,是指复制件被转让给任何其他主体,除非上述转让由著作权人授权。

2. 超越目之行为

鉴于数据挖掘广泛的适用领域和潜在的价值,即使数据挖掘最初目的为非商业性研究,其成果可能因符合市场的稀缺需求而向商业目的转化。英国版权法数据挖掘复制例外,不适用于存在超越单一非商业性使用行为的情形,除非该使用为著作权人授权。

3. 交易行为

英国版权法数据挖掘复制例外制度,不适用于交易行为。所谓交易行为,包括合法数据挖掘复制之后的出售、出租,许诺出售、出租,或者为出售、出租而披露三种行为。首先,对于合法数据挖掘复制行为之后的上述三种交易行为,该复制件被认为是基于上述目的之侵权复制件。其次,交易行为具有阻却合法复制行为之效力。若合法复制之后的出售、出租,许诺出售、出租,或者为出售、出租而披露行为侵犯著作权,复制件在上述行为之后的所有目的均被认为是侵权。

五、《数字时代知识发现海牙宣言》背景与原则

《数字时代知识发现海牙宣言》由欧洲图书馆研究协会（LIBER）发起，2015年5月6日于布鲁塞尔正式发布。目前，已经由50多个国际组织联合署名。国际图联是《数字时代知识发现海牙宣言》的初始签约国际组织之一。《数字时代知识发现海牙宣言》提出后，大数据时代，知识产权法特别是著作权法成为限制内容挖掘的障碍之一，从而限制了事实、数据、思想的自由流通，有违知识产权法的宗旨，亟须变革。

（一）《数字时代知识发现海牙宣言》的背景

在数据与内容挖掘下，作品的复制和使用行为根据现行《著作权法》之规定，存在构成侵权的风险。欧美司法实践中，关于内容挖掘下的作品复制和使用行为是否符合著作权合理使用问题，存在相互冲突的裁决。尽管Google图书案和解协议中，允许内容挖掘下的"非展示使用"和"非消费使用"，欧盟国家的Google图书案亦多为判决Google公司构成著作权侵权行为，且欧盟国内涉及内容挖掘的典型案例。在Infopaq Ⅰ、Ⅱ案中，应丹麦最高法院之请求，欧洲法院于2009年、2012年分别给出咨询意见。国际图联认为，研究者应当享有分析和获取知识的自由而无受到监控与制裁之虞，上述自由不应当在数字环境下削弱。但是，目前许多国家的法律框架特别是知识产权法并不支持新方式进行的研究，限制了内容挖掘。《数字时代知识发现海牙宣言》提出五项原则，即知识产权法与促进研究相一致原则、分析与获取知识无监控和制裁之虞原则、合同许可条款不得限制个人使用、技术发展原则、知识产权法不限制基于数据和思想的创新和商业研究原则，其中三项原则与内容挖掘密切相关。

（二）《数字时代知识发现海牙宣言》的基本原则

1. 知识产权法与促进研究相一致原则

《数字时代知识发现海牙宣言》指出，信息与思想的自由流动是一项重要人权，是人类知识产生的催化剂，促进社会福利与实现繁荣富足。对

于纯粹的事实、思想、数据不予保护是知识产权法的重要原则之一。然而，知识产权法在某种程度上已经成为大数据时代限制知识创新与共享的障碍之一。

知识产权法的宗旨并非限制事实、思想、数据，而是促进研究活动。知识产权的客体知识产品具有非竞争性和非排他性，具有公共物品属性。如果对于属于公共物品的知识产品，不进行产权明晰，将有可能导致搭顺风车现象，即所有人都愿意利用公共物品的正外部性特点，无人愿意投入时间、精力和资本进行创新。需要通过规定知识产权的方式，鼓励和促进知识产品创造者的时间、精力和资本投入。另外，鉴于知识产品是一种特殊的公共产品，与生命安全、公共健康、节能环保、教育可及性等关乎国计民生的重大价值密切相关。因此，知识产品应当保留合理的正外部性，促进社会的发展与进步。法律规定知识产权实现定纷止争的目的，同时应当规定特定情形下的知识产权合理使用制度，发挥知识产权的公益性价值。如前文所述，在大数据环境下的内容挖掘技术与著作权法保护的复制权发生冲突的情形下，有必要重新界定法律边界，通过明晰规定内容挖掘例外的方式，保障公共利益。

2. 合同许可条款不得限制个人使用

许可协议、合同条款不得规制和限制个人如何分析和使用事实、数据和思想，否则将对知识创新和知识更新产生损害。随着网络时代的发展，面对数以千计的网络用户，基于便利与经济原则，大多数网络公司选择与消费者订立格式合同。为了最大限度地提高效益和保护自身权益，拆封合同和点击合同被广泛采用。所谓拆封合同，是指在销售电子产品特别是软件产品时，使用印刷在封装的软件包装上或者隐藏于包装内的格式合同。打开包装即意味着消费者同意该条款并受该条款的约束。点击合同是指在互联网公司注册免费或者收费的如电子邮箱的服务之时，以消费者同意接收格式合同为提供服务的前提。在以拆封合同、点击合同为代表的网络合同许可条款对于个人使用的限制之下，大数据时代的内容挖掘受到一定的限制。

与此同时，以授权协议为基础的数字版权管理措施，对内容挖掘也造成一定程度的限制。数字版权管理的技术控制,体现在对于作品的接触控制和使用控制两个方面。只有授权的人,才能接触作品,加密技术使得公众对作品的获得变得几乎不可能。数字版权管理将用户的合理使用建立在获得许可方或者第三方的许可基础之上。我国《信息网络传播权条例》仅对于课堂教学研究、执行公务、向盲人提供网络作品、网络安全测试四种目的允许实施技术措施规避行为。有学者主张,数字版权管理与著作权合理使用制度存在冲突,有必要通过立法规制与司法实践加以协调。[①] 在大数据时代,数字版权管理使得基于内容挖掘的非展示使用、非消费使用、复制等行为难以进行,限制和阻碍了在生命安全、公共健康、节能环保、教育等方面的研发和创新研究。

3. 不限制基于事实、数据和思想的创新和商业研究

鉴于事实、数据和思想并非著作权法保护的对象,对于由合法获得的内容材料中精练的事实、数据和思想也不应当成为知识产权法保护的对象。限制对于事实、数据、思想的使用将在全球范围内对于创新和经济增长有严重影响,同样可能减少在健康、科技、就业、研究、环境和文化领域的工具和方法的使用。

六、《数字时代知识发现海牙宣言》的价值

(一)数据与内容挖掘之价值

1. 技术价值

数据与内容挖掘越来越多地通过自动化系统进行。特别是由科学研究而产生的数据库,因为其庞大性无法由人肉眼浏览。数据库的数量和规模都在不断发展。数据的增长,对人们研究大型数据集的方式造成影响,为适应数据集发展的影响,计算机技术越来越多地应用于"数据库中的知识发现"(knowledge discovery in databases),用以回溯和分析数据。"数据库

---

① 袁真富. 论数字版权管理的滥用及其限制——兼评微软"黑屏"事件 [J]. 电子知识产权, 2008 (12): 32-35.

中的知识发现"涉及由数据中获得有用的知识，而内容挖掘为适用特殊算法以由数据精炼模型。人工智能机构从拥有大量数据，过渡到发现之前未被发现的重要信息。而且，在大型挖掘运行中，实现了从占有大量原始数据的转移，发现更为有价值的信息。尽管上述领域非常前沿，但是日益增长的电子计算机计算能力，使得对于大型数据库的分析不仅可能，而且实用。

2. 应用价值

数据与内容挖掘可能涉及公共健康风险评估、预警与决策，重大灾害预警与防范，食品安全监管与控制等领域。数据与内容挖掘所包括一系列应用于大量文本的自然语言过程技术（natural language processing techniques），在生物或者制药领域有着广泛应用。文本挖掘应用于大量科技文献，只要在有足够多的文本的前提下，才能提供迅速探究具体事实而非抽象信息的方法。例如，对于在大量文献中同时出现的描述基因、药品和疾病概念的内容挖掘，能够发现上述概念之间全新的联系，并且在生物有效方面具有很大的可能性，以自动产生和排列出科学家能够在实验室中检测的假说。

（二）内容挖掘例外缺失之不足

1. 数据与内容挖掘判例缺乏稳定性与可预期性

Google 图书和解协议中，包括对于作品的"非展示使用"和"非消费使用"。然而美国司法实践中也存在对于"非展示"复制行为相互矛盾的判决。Google 图书案在欧盟国家，例如法国、德国、英国法院，其复制与使用行为均被判决不符合著作权合理使用之范畴。对于涉及内容挖掘的 Infopaq 公司案，应丹麦最高法院两次请求，欧洲法院给出了两个结果不同的咨询意见。综上所述，对于内容挖掘之下复制行为与著作权法之冲突，司法裁决具有不确定性与不可预期性。

2. 数据与内容挖掘例外缺失，影响技术发展

"数据库中的知识发现"涉及由数据中获得有用的知识，而内容挖掘为适用特殊算法已有数据精炼模型。人工智能机构从拥有大量数据，过渡

到发现之前所未被发现的重要信息。而且，在大型内容挖掘运行中，为发现更为有价值的信息，实现了从占有大量原始数据的转移。尽管上述领域非常前沿，但是日益增长的电子计算机计算能力，使得对于大型数据库的分析不仅可能，而且实用。当《著作权法》允许著作权人以其著作权阻碍具有重要意义的新技术发展时，创新可能受到阻碍，发展可能受到损害。

法律可能限制技术的发展，例如，目前内容挖掘技术的使用可能涉及著作权所禁止的复制行为，但是，上述冲突产生的原因，在于著作权法滞后于技术的发展，在著作权法关于禁止复制规定确立之初，技术的发展无法预见。英国报告中指出，应当将著作权与科技发展相协调，允许使用目前著作权法所禁止的内容挖掘技术。[1]

3. 数据与内容挖掘例外缺失，影响公共利益

数据与内容挖掘，是指由大型数据库中精练数据，发现之前未知或者具有潜在价值的信息。数据与内容挖掘可能涉及，结合关于水污染的期刊数据库，并获得医院的准许，研究关于受污染影响的疾病发生问题。数据与内容挖掘同样有着广泛的商业应用。例如，信用卡公司可能发现特定航班的机票购买与特定汽车之间相联系，并研发包括合适促销手段的市场计划。[2] 例如，研究已经使用内容挖掘技术，通过分析社交媒介，探究社会情绪、公众观点等。亦有研究通过使用社交媒介，调研健康和疾病的发生。

Jerome Reichman 和 Ruth Okediji 指出的，在当今科研环境下使用数字资源，存在私人权利和公共产品之间的矛盾。政策制定者发现将上游数据和信息资源视为公共产品，应当广泛共享，以期产生更多的下游商业应用，提高公共福利。与之相反，知识产权法禁止对于科学数据和文献的接触权，这与科学研究方法论的发展相悖，要求自动的知识发现工具，该工具建立在无拘束的接触和重复复制基础之上。[3]

---

[1] Ian Hargreaves. Digital Opportunity: A Review of Intellectual Property and Growth [R]. 2011: 4.
[2] 曲佳彬. 大数据环境下高校图书馆服务转型探析 [J]. 图书馆学刊, 2014 (6): 65-68.
[3] Jerome H. Reichman, Ruth Okediji. When Copyright Law and Science Collide: Empowering Digitally Integrated Research Methods on a Global Scale [J]. Minnesota Law Review, 2012, 96: 1362.

七、数据与内容挖掘合理使用之借鉴

英国学者 Ian Hargreaves 在独立报告《数字机遇：知识产权与发展之反思》中提出，鉴于数据挖掘具有较大的技术发展潜力和较强的实用价值，目前英国版权法限制与例外已经不能满足技术发展的需要。[①] 英国版权法在 2014 年 6 月的修订中，增加了涉及数据挖掘著作权例外。英国版权法数据挖掘复制例外制度，其概念为，对于有权接触作品的主体，非商业研究的数据挖掘之复制行为，不构成著作权侵权。英国版权法修改，在原有条文的基础上增加 29a 款，即数据挖掘复制例外，对于数据挖掘复制例外的主体要件、目的要件、形式要件作出了规范。同时，鉴于转让行为、非单一商业性使用行为、交易行为等可能威胁数据挖掘复制非商业性目的之例外情形作出规定，上述三种行为仍然构成著作权侵权行为。英国版权法将版权涉及挖掘例外制度存在对象仅限于数据挖掘例外、未规定合同条款及数字版权管理等不得限制挖掘例外的问题，与《数字时代知识发现海牙宣言》相比，存在滞后性。但是，鉴于《数字时代知识发现海牙宣言》为较为原则的框架性规定，研究英国数据挖掘例外仍对于中国完善大数据时代的著作权法有所裨益。

（一）构建内容挖掘复制例外

日益增长的电子计算机计算能力，使得人工智能机构从拥有大量数据，过渡到发现之前所未被发现的重要信息，内容挖掘将在重大疾病的预防和治疗、重大灾害的预报等关乎国计民生的关键领域发挥着日益重要的作用。我国著作权法第三次修改草案重新定义了复制权，即以印刷、复印、录制、翻拍以及数字化等方式将作品制作一份或者多份的权利。然而，"数字化"这一内涵模糊的术语，将使得我国著作权法面对内容挖掘这一技术挑战，显现出滞后性。因此，我国有必要借鉴英国著作权法内容挖掘复制例外制度，规定对于有权接触作品的主体，进行的非商业研究的

---

① Ian Hargreaves. Digital Opportunity: A Review of Intellectual Property and Growth [R]. 2011.

内容挖掘之复制行为，不构成著作权侵权。

在数据与内容挖掘复制例外的主体要件，为对于作品有合法接触权之主体。接触权这一概念源自美国《数字千年版权法案》(Digital Millennium Copyright Act，DMCA)。该法案明确区分对于控制接触技术的规避和对于权利保护技术的规避。接触控制并非受到著作权的排他性保护，而作品本身受到著作权的保护。

笔者认为，数据与内容挖掘复制例外应当包含对于作品有接触权者复制，其复制之目的在于，对于作品中记录的内容进行计算机分析。首先，其内涵能够包括数据与内容挖掘的核心内容，即寻找数据中的重要元素、精练数据、发现数据规律和重要信息等。其次，数据与内容挖掘复制例外对于复制的手段加以限制，即仅限于依靠计算机的分析，避免在非大数据处理的传统语境中，数据与内容挖掘复制例外可能对于著作权人产生的权利限制。数据与内容挖掘复制例外之目的要件，应当同时满足为分析数据和内容、单一非商业性目的两个条件。所谓分析数据和内容，是指对于作品有接触权者复制，其复制之目的在于，对于作品中记录的内容进行计算机分析，且仅限于依靠计算机的分析，避免在非大数据处理的传统语境中，内容挖掘复制例外可能对于著作权人产生的权利限制。所谓单一非商业性目的，是指不构成侵权的复制，其应为单一非商业性目的。

（二）合同许可条款不得限制内容挖掘

许可协议、合同条款不得规制个人如何分析和使用事实、数据和思想，否则将导致对于创新和知识更新的损害。在以拆封合同、点击合同为代表的网络合同许可条款下，大数据时代的内容挖掘受到一定的限制。应当规定大数据时代的内容挖掘例外条款，不应受到合同条款之制约；限制内容挖掘的合同条款，应为无效条款。

以授权协议为基础的数字版权管理措施，不应对内容挖掘造成一定程度的限制。我国《信息网络传播权条例》仅对于课堂教学研究、执行公务、向盲人提供网络作品、网络安全测试四种目的允许实施技术措施规避行为。应当规定在内容挖掘之下，对于数字版权管理措施之规避，以利于大数据之下非展示使用、非消费使用、复制等行为的进行，促进生命安全、公共健康、节能环保、教育等方面的研发和创新。

(三) 构建内容挖掘复制例外之限制

鉴于数据与内容挖掘成果的价值潜在性，对于数据与内容挖掘复制例外，也有必要加以严格的限制。对于存在转让行为、超越目的行为、交易行为的情形之下，内容挖掘复制仍构成著作权侵权。所谓转让行为，是指复制件被转让给任何其他主体，除非上述转让由著作权人授权。所谓交易行为，包括合法内容挖掘复制之后的出售、出租，许诺出售、出租，或者为出售、出租而披露三种行为。首先，对于合法内容挖掘复制行为之后的上述三种交易行为，该复制件被认为是基于上述目的之侵权复制件。其次，交易行为具有阻却合法复制行为之效力。若合法复制之后的出售、出租，许诺出售、出租，或者为出售、出租而披露行为侵犯著作权，复制件在上述行为之后的所有目的均被认为是侵权。

(四) 构建充分承认制度

数据与内容挖掘复制例外，应当满足充分承认的形式要件。所谓承认的充分性，是指有合法接触权的主体，对于数据与内容挖掘复制行为之承认，应当包括数据与内容挖掘之目的，数据与内容挖掘复制行为发生和结束之时间、地点，数据与内容挖掘复制行为之客体等。充分承认应当以书面形式进行，其中，能够以电子数据方式再现的，视为书面形式。形式要件的例外在于，若承认因可行或者其他原因而不可能，则此情形下可不作出承认，但应当以书面形式明确记载该承认不能之原因。

第二节 数字公共图书馆个人复制合理使用

个人使用，是指个人使用者为了个人学习、研究或娱乐等私人目的而进行的非商业性使用。个人使用行为的方式较广泛，包括但不限于阅读、复制、学习、研究、引用、滑稽模仿行为。在非数字环境下，个人使用通常表现为浏览书籍、杂志、报纸，为私人目的而复制、表演或者展览作品等。在数字环境下，个人使用的形式与传统形式有所区别，通常包括浏览、下载、复制、在不同数字设备上使用而转换格式、发送电子邮件、个人网站分享作品等形式。

一、公共图书馆视角下的个人使用价值

个人使用促进作品的公共可接触性、公共保存和公共享用。通过降低交易成本，个人使用制度提高经济效率。通过增加可接触性，个人使用保护后续创新。个人使用同时保护消费者的自主权和隐私权期待。个人使用有利于消费者利益、创造者利益，以及作为整体的版权系统，是建立健康版权生态的重要元素。[1] Sony v. Universal 案中，法院认为，Sony 销售 Betamax VCR 的行为不应视为侵权，原因在于上述装置促进个人使用，有利于加强文化产品的可接触性。多数学者也认为，个人使用在促进作品可接触性方面具有积极的社会意义。[2]

（一）促进信息正义

数字时代衍生数字鸿沟问题，公共图书馆通过提供阅读资源和服务，实现信息资源分配不均衡的矫正，促进在就业、教育、政府公共服务获取等方面的社会正义。然而，受制于出版商著作权许可协议和技术措施，数字化公共图书馆为学习研究使用的个人使用受到不同程度的制约。改革以个人使用为代表的版权合理使用制度，有利于跨越数字鸿沟，促进信息正义。

---

[1] Aaron Perzanowski, Jason Schultz. Copyright Exhaustion and the Personal Use Dilemma [J]. Minnesota Law Review, 2012, 96: 2069 - 2070.

[2] Yochai Benkler. From Consumers to Users: Shifting the Deeper Structures of Regulation Towards Sustainable Commons and User Access [J]. Federal Communications Law Journal, 2000, 52: 561 - 565.

（二）保护基本人权

阅读与公民受教育权、科学文化权、言论自由权密切相关。网络环境下著作权人利益的保护呈扩张趋势，与之相对，适用于公共图书馆合理使用制度存在滞后性，无法有效协调著作权人利益与公民阅读权的潜在冲突。研究适用于公共图书馆的著作权限制理论，以人为本，有利于保护以借阅权为核心的基本人权。

（三）适应新技术发展

三网融合技术、数据挖掘技术、云计算技术等拓展了公共图书馆的服务能力与功能。纸质环境下的传统著作权限制理论，难以适应技术发展的要求。世界知识产权组织、国际图联拟定著作权限制与例外条约草案，欧美国家纷纷修改和拓展适用于公共图书馆的著作权限制规则。然而，我国《著作权法》仅规定图书馆为保存版本目的对馆藏作品进行复制，《信息网络传播权条例》将图书馆信息网络服务提供局限于馆舍之内，与技术发展不相适应。应当建构适用于公共图书馆电子借阅的著作权限制理论框架，完善我国的著作权法理论。

二、个人使用的内涵

（一）个人使用的主体

美国《版权法》中多次提到了"作者"和"版权人"，学术界也使用了多种术语，诸如"人们"（persons）、"公民"（people）、"个人"（individuals）、"消费者"（consumers）、"使用者"（users）、"爱好者"（fans）、"终端用户"（end user）。[①] 与之相对，个人使用（private use）的相关术语有"私人使用"（personal use）、"个体使用"（individual use）、"非商业使用"（noncommercial use）、"消费者使用"（consumer use）。

---

① 郑重. 数字版权法视野下的个人使用问题研究［M］. 北京：中国法制出版社，2013：18.

WIPO在《著作权与邻接权法律术语汇编》中解释,"personal use"翻译成汉语就是"私人使用",但是"private use"并不仅仅是个人单独使用之意,也有特定范围内的若干人使用的目的。①

信息产品具有非竞争性和非排他性,在人们阅读书籍获得精神愉悦的过程中,信息作品不会像有形商品一样损耗,因此"消费者"并不是一个合适的概念。个人使用在主体上仅指自然人的行为,不包括法人或其他组织的使用。

(二)个人使用的目的

1. 区分商业目的和非商业目的

一般而言,商业使用的发生是基于商业目的而非娱乐、兴趣、教育或其他目的。商业使用通常由营利组织实施,营利性公司企业被视为典型的商业使用,而个人、大学或其他教育机构、图书馆等促进社会公共福利的非营利组织的使用商业性程度则低一些。个人使用仅是为了私人目的。在判断个人使用者使用版权作品的行为目的时,不能仅从行为人主观上是否认为是私人目的,而应当从客观上考察行为是否发生在私人领域并且是否具有非商业性。

2. 区分市场领域和私人领域

对于版权作品的使用应限于私人生活的范畴,不得向公众提供作品或销售给他人。版权属于市场垄断权,版权法禁止盗版行为并将其视为严重的版权侵权。是否构成向公众传播是区分个人使用与盗版的关键。一般而言,公众指超出特定范围的人群。例如,美国《版权法》公开表演界定为"在向公众开放的场所,或任何有超出家庭或通常社交圈人群的地方表演"。德国《著作权法》第15条第2款规定,"作者有公开表演其作品的独占权。非公开表演不属于作者的开发权。如果旨在为广泛的人群表演,该人群彼此之间或者人群与表演者之间没有私人关系,则该表演属于公开

---

① 刘波林,译.保护文学和意识作品伯尔尼公约(1971年巴黎文本)指南[M].北京:中国人民大学出版社,2002:194.

表演"。在判断是否属于公众时,诸如社区居民、晚餐宾客、大学同学等由特殊关系关联在一起的特定人群,不属于公众范畴。

在判断是否构成个人使用时,非商业性和私人领域应当同时满足,例如,在 Napster 案中,Napster 用户的 P2P 文件分享无疑构成版权侵权,因为该使用已经超出私人领域而进入公共流通。

(三)个人使用的行为

个人使用在表现形式方面,涵盖非常广泛的行为方式,包括但不限于阅读、复制、学习、研究、引用、滑稽模仿等行为,而且包括网络行为。

传统版权法上,个人使用可划分为消费性使用(consumptive user)和转换性使用(transformative user)。消费性使用是指被动的消费者依据价格和用途购买文化商品,同一般意义上的消费者差别不大。消费性使用者在版权法中并不具有主体地位,也无助于版权法目标的实现。版权法对于消费性使用主要在于保障有充分的版权作品以供消费。版权法通过赋予作者独占性的权利以获得回报鼓励作者继续创作。伴随着网络环境下版权在网上传播,作者应当获得更大的权利来控制消费性使用。转换性使用的使用者并不消极、被动地消费,而是进行消化、吸收、重组、创作新作品。实际上,所有作品在某种程度上都是建立在既有作品基础之上的,并不存在"海市蜃楼"的版权作品。版权法通过思想与表达二分法、演绎作品、合理使用原则来厘清在先作者与在后作者的关系。在后作者甚至可以通过个人学习和研究之目的,不经在先作者许可也不需要付费而使用作品。

随着网络技术的发展,出现了消费性使用和转换性使用之外的"第三种使用者",即强调自治、交流和创造性表达的积极使用者(positive user)[1]。互联网发展日新月异,由个人单纯被动浏览网页的 Web1.0 时代过渡到个人积极参与互联网信息传播的 Web2.0 时代。用户生产内容(User-generated Content,UGC)即终端用户将自己创作或编辑的内容通过网络平台展

---

[1] 郑重. 数字版权法视野下的个人使用问题研究 [M]. 北京:中国法制出版社,2013:26.

示或者提供给其他用户勃兴，社区网络、视频分享、博客、播客、微博、微信等自媒体成为主要形式。转换性使用属于作品创作行为，积极使用本质上是创造性的，与版权控制范围相互重叠，而严格意义上的"个人使用"应仅指本质上具有消费属性的使用行为，即个人使用者为了个人学习、研究或娱乐等私人目的而仅限于私人生活领域的非商业性使用。

三、个人使用的著作权法困境

（一）我国《著作权法》的个人使用困境

在合理使用方面，我国《著作权法》第 22 条列举了 12 种合理使用情形。其中，与个人使用联系最为密切的是个人使用限制，即个人学习、研究或者欣赏，使用他人已经发表的作品可以不经著作权人许可，不向其支付报酬，但应当指明作者姓名、作品名称并且不得侵犯著作权人的其他权利。2002 年修改《著作权法实施条例》时，参照《伯尔尼公约》中的三步测试法，即使用可以不经著作权人许可的已经发表作品的，不得影响该作品的正常使用，也不得不合理地损害著作权人的合法利益。然而，这种封闭式立法由于缺乏灵活性，无法适应技术发展而带来的新问题。有学者建议可以参考美国《版权法》的"四要素法"细化"三步检测法"的适用，将合理使用的条件进一步分为四个方面：一是使用的目的和性质，包括判断该使用是商业性的还是非营利的教育目的；二是版权作品的性质；三是对版权作品使用的数量和所占作品的比例；四是该使用对版权作品潜在市场或价值的影响。[1]

（二）我国《信息网络传播权条例》的个人使用困境

在复制技术并不发达的时代，作品的复制质量和数量受到限制，个人使用通常被规定为合理使用。数字技术的发展，使得复制品的复制成本大幅度下降，复制次数不受限制，复制品质量大幅提升。数字技术的发展给

---

[1] 吴汉东. 著作权合理使用制度研究 [M]. 北京：中国政法大学出版社，1996：194 – 216.

版权人带来危机感与不安全感，版权人开始通过技术措施控制作品的复制和传播。世界知识产权组织意识到信息化给版权带来的冲击，于1996年通过《世界知识产权组织版权条约》（WCT）和《世界知识产权组织表演和录音制品条约》（WPPT）。WCT第11条规定了技术措施条款，即缔约方应当规定充分的法律保护和有效的法律救济办法，制止规避由作者为行使与本条约或伯尔尼公约有关的权利而使用有效技术措施。

我国《著作权法》原本规定个人使用属于合理使用范畴，然而，在数字版权体系下，个人使用不再属于信息网络传播权的合理适用范围，也不属于可以规避技术措施的例外。在技术措施与反规避规则之下，版权人可以实际监视并测量使用者的消费行为，在传统环境下的合理使用也纳入了版权人的控制范围之中。我国《信息网络传播权条例》第6条和第7条列举了九项信息网络传播权的合理使用，条例删除了三种情形，即个人使用、免费表演使用和室外公共场所艺术品的使用。传统版权法上个人使用的自由空间，在数字版权语境下不复存在。个人使用涉及社会公众接触知识、学习知识的权利，是维护作者、传播着和使用者利益平衡的重要机制。

我国《信息网络传播权条例》第12条列举了4种允许规避的情形，包括为学校课堂教学或科学研究向教学、科研人员提供作品、表演、录音录像制品；非营利性质为盲人提供文字作品；国家机关执行公务；对计算机系统或网络安全性能进行测试。然而，技术措施与合理使用的关系并未明确阐明。四项允许规避的情形并不包括个人使用，因此，只要版权人在其版权作品中采取了技术措施，个人使用者均不得进行规避。随着数字版权的网络环境扩张，个人使用的空间不仅未获得相应的发展，反而范围缩小。法律允许规避技术措施的情形排斥个人使用，使得在法律和技术双重封锁之下，个人使用免责空间在网络环境下十分有限。

四、英国个人使用制度的新发展

2014年10月1日，英国《版权、外观设计和专利法》（2014）正式生效，对版权法中私人复制例外做了重要修改。

1. 私人复制的主体

英国 2014 年修改的《版权、外观设计和专利法》严格限制了"私人"范围，仅指"个人的、本人的"。第一，私人复制的主体仅限于自然人，法人、其他组织或者国家均不得作为私人复制的民事主体。第二，"私人"是与"公众"相对立的一个概念，"公众"所指向的对象是不特定的多数人，而"私人"仅指较窄范围内的个人。第三，私人中"私"的范围比较狭小，一般仅限于本人的非营利性的使用。私人复制应当以不影响权利人作品的潜在市场价值。

2. 私人复制的对象

英国 2014 年修改的《版权、外观设计和专利法》修改明确了允许社会公众私人复制的对象：(1) 适用于所有类型的版权作品，不仅仅是单纯的计算机程序，还包括纸质的文档、CD、DVD、电源、e-book 等多种模式；(2) 允许复制相同的格式，例如，在汽车上使用的备用副本 CD 播放器；或者进行格式转换，如将音乐从 CD 复制到 MP3 播放器或智能音乐手机，将电子版本打印出来；(3) 允许在任何私人的地方复制储存作品，但存储的作品仅限于私人使用，包括私人云存储，以数据信号的形式保存在互联网空间，但共享式的云存储不包括在内。

3. 允许的私人复制行为

(1) 私人复制行为的目的

英国 2014 年修改的《版权、外观设计和专利法》明确私人复制例外允许私人在合法拥有作品的基础上，进一步复制使用该作品。行为人对作品进行的私人复制使用只能是合法拥有所有权后的个人使用，行为人不得以任何直接、间接的商业目的使用该作品。对于合法拥有版权作品包括以下方式：购买、受赠、或者通过下载所得的商品、礼物。对于拥有作品的所有权后，可以自由地复制使用供本人欣赏、学习、研究。

(2) 私人复制行为的方式

英国 2014 年修改的《版权、外观设计和专利法》第 28B (5) 条第 (a)、(b)、(c) 款中列举的几种私人复制的方式，主要包括备份、格式转换和储存。所谓备份，是指对已经合法占有所有权的私人复制作品进行备份，并且该备份是私人备份且仅供本人使用，备份的方式也有很多种，比较常见的数据备份、数据归档和恢复、在线备份、离线备份、全备份、增量备份等，也有将已有作品誊写，将已有的电子作品打印、拷贝的方式。所谓格式转换，是指将一种文件格式转换成另一种格式。几种常见的文件形式互相转换，视频、音频、图片、文档、语言之间格式的转换。不同的文件形式相互转换所谓储存，包括物质储存和数据储存两类。物质储存是将所有的作品纸质档或者其他有形的作品载体储存起来，其缺点在于所需储存空间大，物质储存费用较高，不利于成本核算。数据储存，根据不同的环境和需求采取合理、有效的数据存储途径，并将其保存在磁带、硬盘、U盘等数据保存媒介上。

4. 禁止的私人复制行为

英国《版权、外观设计和专利法》（2014）列举了禁止私人之间相互复制和禁止非版权人买卖复制件的行为。禁止私人之间相互复制包括为在家中制作复制件给家庭成员、在家制作复制件给亲密的朋友、允许他人访问私人云存储空间等。新法禁止无偿从朋友、家庭成员或者他人处获取作品。该法规定不能将本人已经合法取得的作品随意复制给他人，此处的他人包括所有权人的朋友和家人。

禁止非版权人买卖复制件旨在保护版权人再次从作品中获取利益，英国版权法在保护私人复制（供学习、研究、欣赏等）的同时，考虑到不规制复制件的肆意传播，会对版权人（销售者）的商业利益带来消极的影响。

五、公共图书馆视角下的个人使用制度完善

作者是创造性作品的来源，如果不尊重作者的创造力并保护其利益，作者的创作热情将受到抑制。失去版权保护的作品创作如同无源之水、无本之木。除了为创作者利益提供充分保护之外，《著作权法》承担着更为重要的目标，即通过鼓励作品与传播促进公共利益。为了促进文化科学事业的发展与繁荣，为作者的创造提供必要保护的同时确保传播者能够传播作品和公众能够接触作品。我国《著作权法》原本规定个人使用属于合理

使用范畴，然而，在数字版权体系下，个人使用不再属于信息网络传播权的合理适用范围，也不属于可以规避技术措施的例外。

（一）清晰界定个人使用的目的要件

判断是否属于非商业使用时，需要审慎仔细地衡量特定个人使用行为对版权激励与版权自由的影响。需要警惕夸张性地将损害解释为包括潜在损害，甚至将"未授权使用"等同于"商业使用"，而将"非商业使用"视为"许可使用"。[①]

为了在我国数字版权框架内继续保留个人使用限制，界定私人领域尤为重要。由于个人使用限制保护的是无须征得版权人授权和无须付费的行为，除私人复制可能涉及版权补偿金外，其他个人使用行为属于免费之合理使用。如果对私人领域进行宽泛解释，将特定人群中的所有使用，包括在大量同学或者同事间复制版权作品并传播复制件的行为都视为个人使用，将损害版权人的合法利益，私人领域解释为家庭成员和亲密朋友有助于实现版权激励与版权自由间的平衡。[②]

（二）技术措施应当受到版权限制的约束

我国作为《世界知识产权组织版权条约》（WIPO Copyright Treaty，WCT）《世界知识产权组织表演和录音制品条约》（WIPO Performances and Phonograms Treaty，WPPT）的缔约国，规定了对于技术措施的保护。然而我国将个人使用这项重要的版权限制排除在信息网络传播权的合理使用范围之外，不允许基于个人使用目的而规避技术措施。《信息网络传播权保护条例》第6条明确列举的8种信息网络传播合理使用情形，并未包括个人使用。《信息网络传播权保护条例》第12条允许的4种允许规避技术措施的情形也不涉及个人使用。《信息网络传播权保护条例》应当澄清技术措施与个人使用的关系。

---

① 郑重. 数字版权法视野下的个人使用问题研究［M］. 北京：中国法制出版社，2013：264.
② 郑重. 数字版权法视野下的个人使用问题研究［M］. 北京：中国法制出版社，2013：265.

(三) 规范个人使用的行为

对于个人通过购买、受赠，或者通过下载所得的商品、礼物等拥有所有权的作品，可以自由地复制使用，供本人欣赏、学习、研究。规定个人使用的禁止性行为：（1）在家中制作复制件给家庭成员；（2）在家制作复制件给亲密的朋友；（3）允许他人访问私人云存储空间；（4）买卖复制件行为。

(四) 规定合理使用一般条款

在合理使用方面，我国《著作权法》的封闭式立法由于缺乏灵活性，无法适应技术发展。有学者建议可以参考美国《版权法》的"四要素法"细化"三步检测法"的适用，将合理使用的条件进一步分为四个方面：一是使用的目的和性质，包括判断该使用是商业性的还是非营利的教育目的；二是版权作品的性质；三是对版权作品使用的数量和所占作品的比例；四是该使用对版权作品潜在市场或价值的影响。

第三节　数字公共图书馆馆藏数字化合理使用

数字技术日新月异的发展，丰富了信息的传播和利用形式。图书馆的数字化建设能够更好地发挥图书馆传播知识、促进教育与科研的功能。然而，鉴于图书馆馆藏文献数字化利用尚缺乏明确的法律依据，版权争议成为制约图书馆数字化建设的重要瓶颈之一，晚近美国 Authors Guild v. Hathitrust 案、Authors Guild v. Google 案的判决对于我国图书馆馆藏数字化建设有着十分重要的意义。

一、美国图书馆馆藏数字化的版权争议

(一) Authors Guild v. Hathitrust 案

2008 年 10 月美国 13 所大学联合建立了一个数字化的图书馆，并创立

了一个名为 Hathitrust 的组织来管理这个数字化图书馆。Authors Guild 为代表的创作者联盟在美国纽约南部地区法院起诉 Hathitrust 数字图书馆侵犯了他们的合法权益，指控 Hathitrust 数字图书馆不经他们的授权就使用他们的图书和资源。

（二）Authors Guild v. Google 案

Google 图书馆计划始于 2004 年，Google 与一些世界主要的研究型图书馆签订协议，协议内容为参与的图书馆从其馆藏中挑选图书提交给 Google 纳入图书计划，Google 对此类图书进行扫描，提炼出机器可读的文本，保留图书原始扫描图片，提高机器可读文本的准确性。Google 图书馆计划扫描了数以百万计的图书，创造了文本和数据挖掘这一新的研究形式，使得读者能够有限地阅读书籍文本。Google 图书检索除了能够展示检索单词和术语出现的页码，还能展示包含该单词和术语的文本片段。

原告 Authors Guild 于 2005 年 9 月 20 日向法院起诉。双方在数年协商基础上达成协议，该协议允许 Google 在向权利人付费的前提下，扫描受版权保护的作品。2011 年 5 月 22 日，地区法院认为该协议对于参与该协议、依靠原告主张其权利的成员而言是不公平的，故拒绝签订该协议。2011 年 10 月 14 日，原告提起第四次修正后的集团诉讼，Google 对该判决提出上诉。第二巡回上诉法院认为 Google 图书馆计划构成合理使用。原告上诉至美国联邦最高法院，最高法院维持原判。

二、美国图书馆馆藏数字化版权争议的法院裁决

美国《版权法》第 107 节规定构成合理使用的条件：（1）使用的目的和特点，包括使用是否属于商业性质或为非营利教育目的；（2）受版权保护作品的性质；（3）从作品整体而言，对受版权保护作品使用的数量和实质；（4）使用对于受版权保护作品的潜在市场或价值的影响。

（一）Authors Guild v. Hathitrust 案的法院裁决

HathiTrust 数字图书馆允许三种形式的馆藏使用方式：（1）HathiTrust

数字图书馆允许公众通过数字馆藏检索特定术语。除非有著作权人的授权，检索结果只显示特定属于出现的页码。数字图书馆不向检索者显示任何文本内容，因此检索者既不能阅览术语出现的页面内容，也不能阅览书籍的其他部分。（2）HathiTrust 数字图书馆允许会员图书馆向阅读障碍（print disability）人士提供受版权保护作品的全部文本。所谓阅读障碍，是指不能有效阅读印刷材料。阅读障碍除盲之外，还包括无法持有书本或者翻页。使用该数字图书馆服务的人士，必须具有由合格专家出具的证明。利用 HathiTrust 数字图书馆，阅读障碍者可以通过相关技术如将文本转换成声音的软件，或者放大字体的软件，了解书本的内容。（3）通过以数字格式保存受著作权保护的书籍，HathiTrust 数字图书馆允许会员在馆藏纸质本书籍在遗失、毁损、遭窃之后，替代该纸质馆藏。

1. 全文检索是否构成合理使用

（1）使用的目的和特点

第九巡回法院曾作出裁决，在互联网搜索中使用受版权保护图片的缩略图，因为缩略图与原始受版权保护图片功能不同，构成转换使用（transformative use）。美国第二巡回上诉法院认为，构建全文检索数据库属于转换型使用。没有证据表明作者写作书籍的目的在于使得其作品能够被全文检索，因此，全文检索功能更没有超越作者创作作品之目的，仅仅构成将原始作品转化为新的展示形式。

（2）受版权保护作品的性质

HathiTrust 数字图书馆所允许的全文检索，受到著作权保护，这一点并无争议，鉴于对于该作品的利用为转换使用，是否符合其他三个要素更为关键。

（3）从作品整体而言，对受版权保护作品使用的数量和实质

合理使用的第三个条件考量复制是否对于受版权保护作品超过了必要范围，以及复制是不是过量的。为了实现全文检索的功能，图书馆对其所有馆藏作品创建数字复制件。数字图书馆对其所有馆藏书籍进行使用以满足全文检索的功能，是具有合理必要性的，美国第二巡回上诉法院并不认为复制是过量的。

第二章　数字公共图书馆合理使用制度

（4）使用对于受版权保护作品的潜在市场或价值的影响

第四个条件要求考量使用对于受版权保护作品的潜在市场或价值的影响。

被告认为，全文检索对于现存和潜在的市场并无影响。美国第二巡回上诉法院认为，关键在于因二次使用对于原版作品产生的替代作用。阐明此问题，可以将书评作为类比考虑。书评通常会包括受版权保护的作品内容以说明评论者的观点并使得其评论得以实现。如果书评内容是负面的，可能导致愿意购买书籍的读者减少，从而对作者的经济收入产生一定程度的影响，然而，作者认为书评构成"对于受版权保护作品的潜在市场或价值"的负面影响。

原告认为全文检索两个方面影响了书籍的传统市场。第一，HathiTrust 数字图书馆允许无须许可的数字检索，影响了潜在市场。第二，HathiTrust 数字图书馆创造了潜在的风险，其馆藏有可能被黑客利用，而使其庞大馆藏在全球范围内传播。

美国第二巡回上诉法院认为，第一，鉴于全文检索并非被检索书籍的替代品，图书馆可能愿意为其转换使用而支付费用，因此并不存在对于潜在市场的影响。第二，关于 HathiTrust 数字图书馆的安全风险问题，可以由技术手段进行控制。一方面，HathiTrust 数字图书馆服务器、储存、网络设备有严格监控，另一方面，接入 HathiTrust 数字图书馆受到严格限制。

2. 阅读障碍准入是否构成合理使用

HathiTrust 数字图书馆对于阅读障碍人士提供数字馆藏全部作品。阅读障碍人士必须获得由合格专家出具的证明。

（1）使用的目的和特点

由于为阅读障碍人士提供无障碍版式并非作者创作的预期目的，符合转化使用。

（2）受版权保护作品的性质

HathiTrust 数字图书馆使得阅读障碍人士能够阅读馆藏作品，受版权保护作品的性质并不阻却合理使用的构成。

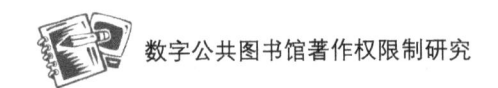

（3）从作品整体而言，对受版权保护作品使用的数量和实质

原告主张，图形文件并非必需。第二巡回上诉法院认为，文本文件对于文本检索和阅读障碍人士转化使用作品是必需的，图形文件包含信息，图形、表格，无法转化为文本和声音。然而，许多阅读障碍人士在图形放大到足够大或者颜色对比增加的情形下，能够辨识。其他因生理障碍如无法持有书本或者翻页的人士，能够认清图形，因此，文本和图形文件都应当视为合理范畴。

（4）使用对于受版权保护作品的潜在市场或价值的影响

第二巡回上诉法院认为，为阅读障碍人士提供数字版式的行为不可能对作品的现有市场造成明显的影响。事实上，在密歇根大学图书馆进行了身份确认的视障人士仅有 32 人，这足以说明阅读障碍人士属于绝对的小众群体。

3. 保存馆藏

HathiTrust 数字图书馆允许成员图书馆制作馆藏复制件：1）成员已经有原始馆藏书籍；2）该原始馆藏书籍遗失、毁损或者遭窃；3）替代书籍无法以合理价格获得。美国第二巡回上诉法院认为，鉴于美国版权法并不允许版权人选择第三人为其利益进行诉讼，因此，原告并无权利提起诉讼。

（二）Authors Guild v. Google 案的法院裁决

1. 检索和片段阅览功能使用的目的和特点

（1）转化使用目的

在 Campbell 案中，法官将使用目的和特点解释为"超越原始作品的目标，或者增加新的更为深远的目标"。转化使用并不当然构成合理使用，需要考量著作权促进科学和艺术发展的目标，一般在转化作品的创作中得以实现。转化使用构成合理使用在于其与原始作品不同的新目标，或者提高原始作品实用性，实现了著作权法扩大公有领域的立法目标。词汇"转化"并非用以理解合理使用的要素，并非所有的对于原始作品的改变都构成合理使用。在 Campbell 案中，被告主张其作品为对于原始作品的滑稽模仿，构成合理使用。法院认为，滑稽模仿构成合理使用的核心在于其评价了原始作品，如果相反，评价并未对原始作品构成批评性的评价，其符合合理使用的可能性将减少。换而言之，构成合理使用，对于原始作品的借用必须有合理理由。而在 Google 图书计划中，复制作品是为了提供原始作品并不具有的信息。

（2）检索功能

HathiTrust 案中，HathiTrust 提供数字复制件供全文检索的行为，与 Google 图书计划类似。第二巡回上诉法院认为，Google 图书计划制作复制件和使用复制件作为检索工具的行为，构成合理使用。尽管图书馆存在下载和储存全部图书数字复制件的行为，但是上述复制行为对允许检索者识别和定位特定文字出处而言，是必要的。

首先，Google 图书检索的片段阅览功能，对检索功能增加了重要的价值，仅仅知道术语所在位置对于检索者而言是不充分的，因为其并未展示术语讨论的语境。Google 图书检索的片段阅览功能，帮助检索者识别书籍是否属于其兴趣范围之内，而并未对作者的著作权利益造成损害。片段阅览在转化使用意义上对于检索者利益有明显的促进作用。

其次，原告主张尽管 Google 并未直接因图书检索而享有收入汇报，鉴于 Google 是以营利驱动的，其图书检索是为巩固在互联网检索市场的支配地位，因此是从图书计划中间接获益的。第二巡回上诉法院认为，不能改变前文所述对于原始作品的转化使用营利目的，商业使用即为非合理使用的推断是不成立的。

2. 受版权保护作品的性质

第二巡回上诉法院指出，受版权保护作品的性质，并非判断合理使用的关键因素。受版权保护作品的性质并不影响前文关于转化使用构成合理使用的判断。

3. 从作品整体而言，对受版权保护作品使用的数量和实质

第一，检索功能。在 Campbell 案中，法院认为允许复制的范围与使用的目的和性质密切相关，应当考量使用的数量和实质比例与复制目的相比，是否合理。HathiTrust 案中，法院认为复制原始文本全部是实现全文检

索功能的必要条件，如果 Google 不进行原始文本的全文复制，其检索功能无法实现。尽管 Google 对于全部书籍进行未经授权的全文复制，该复制件并未向公众公开。复制是为了满足检索功能而展示受限制的、关于书籍的重要信息。

第二，片段浏览。使得检索者能够阅览部分复制文本，检索者阅览的收版权保护作品数量越多，检索者使用检索而非购买原告书籍的可能性越大。但是，片段浏览并未使得受版权保护作品的市场受到影响。然而，Google 对于检索者能够阅览的片段进行了有效控制，浏览片段的长度受到控制，单个页面浏览片段的频率受到限制，检索者片段浏览不超过全文的 22%。

4. 使用对于受版权保护作品的潜在市场或价值的影响

第二巡回上诉法院认为，片段浏览功能可能产生部分销售损失。但是，构成对于受版权保护作品的潜在市场或价值影响，必须是有意义的。然而，片段浏览功能对于图书市场并不构成实质有竞争力的替代。尽管片段浏览显示了部分文本，由于片段本身的简短性、零碎性、不完整性，对于作者利益的影响是很小的。

（三）两案的主要区别

Google 图书检索与 HathiTrust 有两方面的区别。第一，HathiTrust 并不向检索者展示任何文本，而 Google 图书检索向读者展示包含检索术语的片段。第二，HathiTrust 是非营利性教育机构，而 Google 是营利性商业公司。Google 图书检索的片段阅览功能，对检索功能增加了重要的价值，仅仅知道术语所在位置对于检索者而言是不充分的，因为其并未展示术语讨论的语境。Google 图书检索的片段阅览功能，帮助检索者识别书籍是否属于其兴趣范围之内，而并未对作者的著作权利益造成损害。片段阅览在转化使用意义上对于检索者利益有明显的促进作用。就第二点差异而言，原告主张尽管 Google 并未直接因图书检索而享有收入汇报，鉴于 Google 是以营利驱动，其图书检索是为巩固在互联网检索市场的支配地位，因此是从图书计划中间接获益的。

三、美国图书馆馆藏数字化之鉴

（一）拓展公共图书馆馆藏数字化合理使用范畴

我国《著作权法》规定，图书馆限定于陈列或者保存版本的需要，可以复制本馆收藏的作品。《信息网络传播权保护条例》规定图书馆仅基于保存的需要，对馆藏文献实施数字化复制，且仅能以馆舍范围为限为服务对象提供数字化文献的获取服务。上述规定难以满足数字技术突飞猛进发展之下公共图书馆信息服务功能拓展的需求。

我国《著作权法》修订时，有必要丰富图书馆馆藏数字化途径，增加为构建检索型数据库的合理使用情形。为实现促进图书馆馆藏数字化和保权利人利益的协调，一方面应当允许图书馆对仍在保护期限内的馆藏数字化，另一方面要对馆藏数字化的行为加以必要限制。[①]

主体方面，美国和欧盟法律规定有所不同。欧盟《版权指令》将馆藏数字化的主体限定为公共图书馆，即仅限于向公众开放，并非直接或者间接获得经济利益的图书馆。美国版权法则无对于图书馆的限定，在 Authors Guild v. Google 案判决中，也并未因为 Google 公司的商业营利属性否定合理使用的构成，但将馆藏数字化主体扩展不利于权利人的利益保护。因此，高校图书馆、科研型图书馆、公共图书馆等服务公众、非营利性的图书馆应当为适格图书馆。目的方面，有必要将现行著作权法"陈列或者保存版本"扩展至馆藏提供，即公共图书馆可以扫描他人作品供检索，但不得提供作品全文，不得用于检索之外的其他用途。公共图书馆馆藏数字化在复制件数量上也应当有所限制，有必要在广泛调研的基础上确定公共图书馆馆藏数字化复制件的合理数量。

（二）修改增设阅读障碍者合理使用

我国签署了《马拉喀什条约》，该条约要求缔约方在国内法中规定限

[①] 刘明江. 图书馆馆藏作品数字化版权问题探析 [J]. 电子知识产权, 2016 (01)：32–42.

制与例外,便利阅读障碍人士获得作品。我国《著作权法》虽然规定了适用于盲人的限制与例外,但与《马拉喀什条约》尚有差距。① 第一,受益人范围狭窄。马拉喀什条约中的受益人包括盲人、视力障碍者或其他印刷品阅读障碍人士。第二,使用方式狭窄。我国《著作权法》允许不经著作权人许可,将已发表的作品改成盲文出版,并不包括大字版纸质本、电子书、有声读物。我国《著作权法》有必要修改增设阅读障碍者合理使用条款,将"盲人"改为"阅读障碍者",将作品利用形式由"盲文"修改为大字版纸质本、电子书和有声读物。

(三) 增设合理使用一般条款

著作权合理使用条款的设置,主要有"封闭式""开放式"。② "封闭式"立法模式明确列出合理使用的情形,"开放式"立法模式在明确列举合理使用情形基础上,设置一般条款。在数字技术条件下,采用一般条款增加合理使用制度的弹性,能够削弱技术发展与法律规范的滞后性。《著作权法修改草案第三稿》第42条第1款第13项还规定了合理使用一般条款即"其他情形",为法院根据新情况认定合理使用提供了空间,③但是草案并未明确应当如何界定"其他情形"。前文案例中分析的美国著作权法上的合理使用"四要素"判断方法,可为我国借鉴,即合理使用一般条款依以下标准进行判断:(1) 使用的目的和特点,包括使用是否属于商业性质或为非营利教育目的;(2) 受版权保护作品的性质;(3) 对受版权保护作品使用的数量和实质;(4) 使用对于受版权保护作品的潜在市场或价值的影响。

---

① 高军,王文敏. 数字图书馆合理使用规则新发展——美国 HathiTrust 案与 Google Books 案的比较 [J]. 图书馆论坛,2016 (06):43-49.
② 孙琴. 试论图书馆数字资源版权保护问题——兼谈美国 HathiTrust 案的启示 [J]. 图书馆工作与研究,2016 (06):34-38.
③ 姚鹤徽. 从美国谷歌图书馆案看网络时代版权合理使用制度的完善 [J]. 图书馆,2016,(11):86-91.

（四）完善技术安全措施

在 Authors Guild v. Hathitrust 案和 Authors Guild v. Google 案中，原告都主张图书馆馆藏数字化过程中，黑客入侵可能对于权利人的威胁，虽然最终法院判决并未将其作为不符合合理使用制度的证据，但对于图书馆馆藏数字化必须重视技术安全。我国图书馆馆藏数字化过程中，应该通过高级别的物理安全措施防范侵权风险。① 公共图书馆对于服务器、储存设备等物理设施的钥匙应当严格保管。被访问的数据库应当设立高级别的安全防火墙。通过技术安全措施的完善，避免黑客攻击导致图书馆数字化馆藏内容泄露而使得权利人权益受损。

第四节　数字公共图书馆开放获取合理使用

所谓开放获取（open access），是指提供对科学知识的自由和不受限制的获取，由《布达佩斯开放获取倡议》首次定义。开放获取较之于传统的学术期刊出版模式，能够更大限度地发挥数字技术的优势，拓展学术研究信息的传播范围提高学术研究的传播速度，具有重要的价值。然而，开放获取与传统的著作权规则存在一定的冲突。一方面，支付著作权费用限制了学术研究信息的获取范围；另一方面，传统的格式出版合同独占或者排他著作权许可条款限制了作者在首次发表作品后将作品向公众免费公开。2013 年德国《著作权法》的修改和 2015 年荷兰《著作权合同法》的修改，变革著作权法规则，给予作者"二次公开权"，即在首次发表之后，保留向公众无条件开放获取学术期刊作品的权利，并规定出版合同中限制二次公开权的条款无效。鉴于我国目前尚无开放获取的相关政策与立法，有必要对于德国和荷兰的著作权法规则变革予以关注。

---

① 孙琴. 试论图书馆数字资源版权保护问题——兼谈美国 HathiTrust 案的启示 [J]. 图书馆工作与研究，2016（06）：34-38.

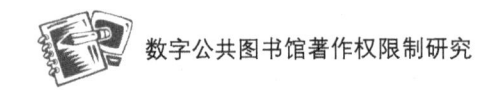

一、学术期刊开放获取概述

(一) 开放获取的概念

《布达佩斯倡议》对于学术期刊开放获取的定义为,在公共网络可获得,允许任何使用者阅读、下载、复制、传播、印刷、研究和链接文章全部文本、索引、作为数据储存于软件,或者为其他合法目的而使用,不受经济、法律或者技术限制。[1] 开放获取分为金色开放获取和绿色开放获取两类。[2] 所谓金色开放获取,是指出版者直接将作品在线公布,供使用者免费使用。在金色开放获取模式中,出版者通常要求作者、作者所在研究机构或者研究赞助者进行补偿。所谓绿色开放获取,是指在作品由其作者或者研究机构在线公布之前,首先以传统方式进行出版,例如,以纸质或者在线期刊方式出版,仅付费的订阅者可以获取。金色开放获取模式的问题在于,补偿机制的建立较为烦琐,易造成研究机构和研究赞助者的经济负担。绿色开放获取模式的问题在于,在独占和排他著作权许可合同模式下,与传统的著作权制度存在冲突的可能。值得关注的是,欧洲国家通过修改著作权法的方式对于绿色开放获取模式给予支持。2013年德国《著作权法》的修改和2015年荷兰《著作权合同法》的修改,变革著作权法规则,给予作者"二次公开权",即在首次发表之后,向公众无条件开放获取学术期刊作品的权利,并规定出版合同中限制二次公开权的条款无效。

(二) 开放获取的价值

在数字时代,传统的出版模式存在诸多问题。首先,图书馆、大学、科研机构需要支付高额费用提供科技信息这一公共产品。其次,由于出版商的限制,科研成果仅能在订阅学术期刊的机构内部传播,不能广泛传

---

[1] Budapest Open Access Initiative [EB/OL]. [2017-04-30]. http://www.budapestopenaccessinitiative.org.

[2] Bernius, S. The Impact of Open Access on the Management of Scientific Knowledge [J]. Online Information Review, 2010, 34 (4): 583-603.

播。开放获取模式使得读者突破学术期刊的价格瓶颈而获得学术成果，促进学术科研成果广泛、迅捷地传播，增强学术科研成果这一公共产品的正外部性效应，减轻图书馆、大学、科研机构的经济压力，促进出版模式多元化，具有重要的社会价值。

（三）著作权与开放获取的冲突

1. 著作权费用限制期刊传播范围

欧盟率先通过颁布数据库保护指令的方式保护数据库权，甚至是不具有独创性的数据库，依然受到数据库权的保护。我国立法虽然没有明确规定数据库权，但根据我国《著作权法》的规定，电子学术期刊数据库属于汇编作品，受到著作权法的保护。电子学术期刊数据库通常需要采取整体购买的方式，国内外大型学术期刊数据库价格的逐年上涨，对于图书馆、高校和科研机构而言，成为越来越沉重的负担。另外，中小型创新企业受制于成本因素，很难接触学术期刊，科技信息传播的范围客观上受到一定程度的限制。

2. 格式出版合同限制作者权利

目前，学术期刊出版过程中，出版者处于强势地位，而作者处于相对弱势地位。出版者对于学术期刊论文的使用提出诸多限制条件，要求作者签订著作权转让的格式合同，通过独占许可或者排他许可的方式转让著作权，不允许作者在其他机构保存和传播电子版论文。出于论文顺利发表的考虑，大多数作者会被迫接受著作权转让格式合同。

二、国际学术期刊开放获取规则

（一） OECD

国际学术期刊开放获取的努力始于经济合作组织（Organization for Economic Co–operation and Development, OECD）。2004 年，包括德国、法国、英国和美国在内的 35 个 OECD 成员国共同签署了《公共资助研究数据获取宣言》（*Declarationon Access to Research Data from Public Funding*）。该宣

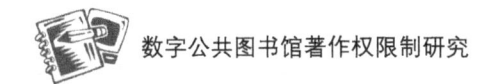

言指出，签署国将致力于建立开放获取制度，促进由公共资助的研究活动中获得的研究数据开放获取。①

（二）WIPO

在世界知识产权组织（World Intellectual Property Organization，WIPO）发展议程中，巴西和阿根廷提出《知识可及性条约》（*Access to Knowledge treaty*，*A2K treaty*）草案。②《知识可及性条约》第 5 部分规定拓展和促进知识共享。《知识可及性条约》第 5.2（a）规定，由政府资助研究的成果，除特定涉及军事研究、商业秘密、可授予专利的发明之外，应当在合理时间内向公众免费公开。应当促进在数据库、开放获取期刊方面的投资合作，拓展知识共享的领域。

三、国外学术期刊开放获取规则

（一）国外学术期刊开放获取概况

1. 美国学术期刊开放获取提案

2003 年 6 月，议员 MartinSabo 向美国国会上议院提出一项议案，要求修改美国著作权法第 105 节，规定联邦政府实质上资助的科学研究作品不受著作权法的保护。但是，该议案并未获得通过。2006 年 5 月，议员 John Cornynhe、Joe Lieberman 向国会提出了"2006 联邦研究公共获取案"（Federal Research Public Access Act of 2006，FRPAA），要求所有接受美国联邦资助的研究成果，必须在发表 6 个月内开放获取，然而在出版者的抵制与游说之下，上述议案仍未通过。尽管如此，在开放获取方面，美国政府的干预呈逐渐增强的趋势。2013 年 2 月，美国白宫科技政策办公室颁布《提高联邦资助科学研究成果获取的备忘录》，要求所有研发资

---

① Declaration on Access to Research Data from Public Funding [EB/OL]. （2004 - 01 - 30）. [2015 - 11 - 01]. http：//www. codata. org/archives/2005/UNESCOmtg/dryden - declaration. pdf.

② David W. Opderbeck. The penguin's paradox：The political economy of international intellectual property and the paradox of open intellectual property models [J]. Stanford Law and Policy Review，2007（18）：113.

助年度经费超过 1 亿美元的联邦机构所资助项目产出的学术论文开放获取。①

2. 英国学术期刊开放获取政策

英国学术期刊开放获取政策主要由英国研究理事会（Research Councils UK，RCUK）实施。英国研究理事会根据《关于拓展公共研究成果开放获取工作组报告》（简称《Finch 报告》）的建议，于 2012 年 7 月 16 日实施新的学术期刊开放获取政策。根据英国研究理事会政策，全部或者部分由英国研究理事会资助的学术成果应当以下列方式利用：（1）必须发表在与英国研究理事会开放获取政策一致的期刊上；（2）必须包括支持研究基金的细节，对于支持研究材料如数据、样品或者模型公开获取的途径。② 根据英国研究理事会政策，符合以下条件的期刊应被视为与英国研究理事会开放获取政策一致的期刊：（1）期刊提供通过期刊网站对于最终论文版本的立即和无限制的获取，或者（2）期刊应在 12 个月内，允许储存论文的最终版本在其他储存库中，且对于非商业性使用不加以限制。③

3. 德国学术期刊开放获取规则

2013 年 4 月 10 日德国《著作权法》修改议案涉及实施作者二次公开（secondary publication）。④ 该法案提出，学术期刊作者在首次发表 12 个月之后，有权再次向公众免费提供其作品或者将其作品储存于其他存储库中。最终，德国《著作权法》第 38 条第 4 款规定，科技作品作者，若资金至少一半来自公共资源，发表于周期性期刊（至少一年出版两次），在作品首次发表 12 个月届满之后，可以将作品向公众公开。即使作者将版权排他授予给出版社或者编辑，作者仍享有二次公开权。但作品首次发表的来源应当指明，任何其他有损作者权利的约定都是无效的。德国《著作权

---

① 陆彩女，李麟. 2013 年国际开放获取实践进展 [J]. 图书情报工作，201458（8）：111 - 121.
② RCUK. Research Councils UK Policy on Access to Research Outputs [EB/OL]. [2015 - 11 - 01]. http：//roarmap. eprints. org/671/1/RCUK%20_Policy_on_Access_to_Research_Outputs. pdf.
③ RCUK. Research Councils UK Policy on Access to Research Outputs [EB/OL]. [2015 - 11 - 01]. http：//roarmap. eprints. org/671/1/RCUK%20_Policy_on_Access_to_Research_Outputs. pdf.
④ DirkVisser. The Open Access Provision in Dutch Copyright Contract Law [J]. Journal of Intellectual Property Law & Practice，2015（10）：878.

法》修改规定的作者二次公开权特征主要有以下方面：（1）关于公共资金比例，应为至少一半以上资金来源于公共资金；（2）关于发表期刊，应为发表频率在半年刊以上的期刊；（3）关于作品向公众免费公开，应为作品首次发表12个月届满之后，且应当指明作品首次发表的来源；（4）关于权利的属性，公开已经首次发表的学术作品，应为作者的选择性权利，作者有权选择向公众免费公开；（5）与编辑、出版者之间的任何其他有损于二次公开权的约定无效。

4. 荷兰学术期刊开放获取规则

荷兰《著作权合同法案》（*The Dutch Copyright Contract Act*）于2015年7月1日生效。该法案第25条规定，短篇科技作品的作者，若研究全部或者部分由公共资源资助，应当有权在作品首次发表之后的合理时间内，无条件地将作品向公众公开，只要指明作品首次发表的来源。① 荷兰学术期刊开放获取规则特征主要有以下方面：（1）由大学或者其他公共机构资金支持的研究机构雇佣人士的作品，应当被认为该法案第25条规定的"研究全部或者部分由公共资金资助"；（2）所谓短篇科技作品，是指少于8000字的作品，且短篇科技作品应当为独立发表的作品而非著作的某一章节；（3）"无条件向公众公开"，是指通过有线或者无线的方式，使得作品为公共成员在个别选定的时间或者地点进行获取；（4）作者享有和保留将其首次发表的作品向公众公开获取的权利，同时，作者并不向公众公开其作品，享有对于是否公开作品的选择性权利；（5）出版者不得通过合同限制作者的二次公开权。

（二）国外学术期刊开放获取评析

1. 政策导向抑或规则导向

目前，美国和英国的学术期刊开放获取主要是政策导向的，美国白宫科技政策办公室和英国研究理事会通过颁布政策的方式实施开放获取。例

---

① Dirk Visser. The Open Access Provision in Dutch Copyright Contract Law [J]. Journal of Intellectual Property Law & Practice, 2015 (10): 872

如，美国的《提高联邦资助科学研究成果获取的备忘录》，以及英国研究理事会颁行的相关政策。与之相对，欧盟国家特别是德国通过修订《著作权法》、荷兰修订《著作权合同法案》，使得学术期刊开放获取有明确的立法作为基石。学术期刊开放获取的政策导向，其缺点在于缺乏透明度、可持续性和可预期性。首先，规则导向则能够为学术期刊开放获取界定清晰的权利边界，明确公共资助学术期刊作品的作者享有二次公开权，即在首次出版的若干期限之后（一般为12个月）向公众公开作品。其次，学术期刊开放获取的规则导向，有助于促进知识可及性与文化传播。日益增长的学术期刊订购成本，使得图书馆、研究机构、高校面临着繁重的负担。在网络环境下，数字技术如火如荼地发展，为创作和传播提供了新方式，需要突破出版商通过著作权转让协议、著作权合同等方式走出学术期刊成果传播的困境。在政策导向下，出版商限制作者公开作品的著作权转让协议和著作权合同，其效力处于模糊状态。在规则导向下，德国和荷兰明确规定了限制作者向公众公开学术期刊作品的合同为无效合同。我国目前主要采取学术期刊开放获取政策导向的方式。国家自然科学基金委政策规定，受其全部或部分资助的科研项目投稿并在学术期刊上发表研究论文的作者，应将同行评议后录用的最终审定稿，储存到国家自然科学基金委员会的知识库。对于出版者的著作权转让协议、著作权合同限制作者将其学术期刊作品开放获取的问题，国家自然科学基金委的政策性规定并不能很好地解决。为促进学术期刊开放获取的可持续性与可预期性，促进知识获取与信息传播，我国应当借鉴德国和荷兰的立法由政策导向过渡到规则导向。

2. 绿色抑或金色获取模式

所谓金色开放获取模式，是指出版者直接将作品在线公布，供使用者免费使用。在金色开放获取模式中，出版者通常要求作者、作者所在研究机构或者研究赞助者进行补偿。所谓绿色开放获取，是指在作品由其作者或者研究机构在线公布之前，首先以传统方式进行出版，例如，以纸质或者在线期刊方式出版，仅付费的订阅者可以获取。英国与美国主要采用金色获取模式，即由政府专门机构拨款给研究机构支付学术期刊开放获取的费用。金色开放获取模式的问题在于，补偿机制的建立程序较为烦琐，易造成研究机构和研究赞助者的经济负担。2013年德国《著作权法》的修改和2015年荷兰《著作权合同法》的修改，对于绿色开放获取模式给予支持。我国目前采用的是绿色开放获取模式。国家自然科学基金委政策规定，受其全部或部分资助的科研项目投稿并在学术期刊上发表研究论文的作者，应将同行评议后录用的最终审定稿，储存到国家自然科学基金委员会的知识库，不晚于发表后12个月开放获取。但是，国家自然科学基金委政策的适用范围有限，仅适用于受国家自然科学基金资助的作品，更没有考虑社会科学作品的开放获取。为拓展学术期刊开放获取范围，促进知识可及性，提升创造力，应通过借鉴德国与荷兰修订法律的方式对绿色开放获取模式予以支持。

四、学术期刊开放获取规则与"三步检测规则"

德国法与荷兰法都规定，出版者不得通过合同限制作者将作品公开获取的权利。如果作者与出版者之间订立的合同为独占许可合同、排他许可合同、著作权转让合同，则开放获取规则涉及对于"排他性权利"的限制问题。因此，应当分析该限制是否符合《TRIPS协议》对于著作权限制与例外的规定。根据《TRIPS协议》第13条的规定，对于著作权的限制与例外应当符合以下条件：第一，适用于特定情形；第二，不与作品的正常利用相冲突；第三，不构成对于权利人合法利益的不合理限制。

（一）适用于特定情形

德国法与荷兰法关于学术期刊开放获取的规则将客体范围局限于学术期刊作品。从客体内容分析，学术作品区别于一般的文学艺术作品，从事专业科学研究的人员数量及产出的成果通常在全部作品数量中占据少量份额。从权利使用者分析，学术作品的阅读者在普通作品阅读者中占据少量份额。因此，学术期刊开放获取这一出版者经济权利的限制条件在适用情形方面是有限的，适用于特殊情形。

（二）不与作品的正常利用相冲突

WTO 专家组指出，在解释作品的"正常利用"方面，涉及对于作者实际正在利用作品的评价。如果构成对于权利人从著作权中正常提取经济利益的损害，则属于与作品的正常利用相冲突。[①] 德国法与荷兰法关于学术期刊开放获取的规则中，都规定了作者的二次发表应当在首次发表之后的一定时间内，一般为一年左右。科学研究具有与时俱进的特点，前沿成果价值具有比较强的时效性，通过规定二次发表延迟于首次发表的特定时间，给予出版商在首次发表后的特定时间通过纸质或者网络期刊订阅者获得利润，保障出版者的经济利益。此外，德国法与荷兰法关于学术期刊开放获取的规则，规定应当在二次发表时指明首次发表的来源。

（三）不构成对于权利人合法利益的不合理损害

专家组在查阅牛津字典后指出，"合理"的含义在于合比例性，程度较之于合适并非显著的多或者少，公平且合理。对于合理限制的解释，应当符合比例原则标准。比例原则适用于学术期刊开放获取方面的解释，应当是对于权利人的损害较之于对于使用者的利益应当是成比例的。如前文所述，开放获取对于出版者可能的权利损害是受到严格限制的。德国法与荷兰法关于学术期刊开放获取的规则中，都规定了作者的二次发表应当在首次发表之后一年之内。开放获取着眼于技术进步和科技创新，营造良好的科研环境，创造更加丰富的科研成果，出版者也将在良性而非封闭的科研环境中受益。对于"三步检测"，应当包含对于基础和重大公共利益的有限选择。德国与荷兰著作权法修订中的开放获取条款，实质在于调节在学术信息这一事关创新与社会进步的关键领域中，传统著作权法的规定可能对知识获取造成的障碍，一是由于电子期刊数据库价格畸高给图书馆、大学和科研机构带来的经济压力，二是由于出版者与作者订立独占或者排

[①] Panel Report, United States – Section 110 (5) of the US Copyright Act, para. 6.183, WT/DS160/R.

他许可合同限制作者在首次发表后向公众公开作品,从而限制了公众对于科研信息的获取。

五、学术期刊开放获取规则之借鉴

(一)《著作权法》之借鉴

我国《著作权法》中,对于学术期刊开放获取并未作出规定。有必要借鉴德国和荷兰著作权法模式,在著作权法修改第三章"著作权许可使用和转让合同"中,增加作者二次公开权条款,对于著作权许可使用和转让合同进行限制。应当规定对于公共资金资助的学术期刊作品,作者在首次发表之后,应当有权无条件向公众以有线或者无线、个别选择时间地点的方式公开作品,应当指明首次发表来源。规定作者与第三人的著作权转让合同中,涉及限制作者二次公开权的条款无效。

1. 学术期刊作品的定义

德国《著作权法》规定,开放获取学术期刊应为发表频率在半年刊以上的期刊。荷兰《著作权合同法案》第25条规定,适用开放获取的作品为短小科学作品。首先,与荷兰《著作权法》第16条第2款之规定一致,少于8000字的作品在任何情况下都被认定为"短篇作品"。短篇科技作品应当为独立发表的作品而非著作的某一章节。对于学术期刊的定义,笔者认为应当借鉴德国《著作权法》,期刊的出版周期应当恒定,最低频率为每年两期。其次,所谓"学术期刊",一是指期刊的内容区别于一般性期刊,笔者认为人文社会科学与自然科学的繁荣具有同等重要的地位,故学术期刊内容不应局限于自然科学作品,人文社会科学作品亦应当包括在内。但是,人文社会科学学术作品应当限制在学术研究范畴之内,以明确区别于文学艺术作品。

2. 公共资助

根据美国白宫科技政策办公室《提高联邦资助科学研究成果获取的备忘录》,开放获取的对象为"联邦机构所资助项目产出的学术论文"。

根据英国学术期刊开放获取政策，开放获取的对象为"英国研究理事会资助产出的学术论文"。在德国 2013 年修订的《著作权法》中，公共资助的含义是资金至少一半来自公共资源。根据荷兰《著作权合同法案》解释备忘之规定，由大学或者其他公共机构资金支持的研究机构雇佣人士的作品，应当被认为该法案第 25 条规定的"研究全部或者部分由公共资金资助"。荷兰《著作权合同法案》解释备忘同时指出，如果与非公共资金相比，公共资金资助为可以忽略的，该发表应当不属于荷兰《著作权合同法案》第 25 条的范围。我国目前公共资助学术期刊开放获取的范围较窄，仅限于国家自然科学基金委全部或者部分资助而发表的学术期刊论文。笔者建议，对于财政资金资助达到 50% 以上比例的学术期刊作品，其作者应当享有二次公开权。由大学或者其他公共机构资金支持的研究机构雇佣人士的作品，应当属于"研究全部或者部分由公共资金资助"。

3. 二次公开权

二次公开权的规定，是德国《著作权法》与荷兰《著作权合同法》修订的亮点之一。二次公开权给予公共资助学术期刊作品作者在首次发表作品后的特定期限内，向公共公开作品的权利，并规定作者与出版者的著作权转让协议、出版合同中限制二次公开权的条款无效，实现了作者、出版者和阅读者三者之间的利益平衡。如果作者与出版者之间订立的合同为独占或者排他许可合同，开放获取规则涉及对于出版者权利的限制问题。目前，我国国家自然科学基金委的政策一方面规定受其全部或者部分资助的作者应开放获取其学术期刊作品；另一方面没有考虑到这一政策与作者的独占著作权许可合同、排他著作权许可合同、著作权转让合同中潜在的冲突，使作者处于二难困境的问题。作者的二难困境的产生根本原因在于我国学术期刊开放获取政策性导向，缺乏对于权利边界的明确规定，导致作者与出版者的利益缺乏有效的协调。我国学术期刊开放获取应当从政策导向过渡为规则导向。笔者建议，在我国《著作权法》中增加二次公开权的规定。鉴于二次公开与著作权许可、转让合同密切相关，二次公开权作为对于著作权许可、转让的制约条款宜规定于《著作权法》第三章即著作权许可使用和转让合同中。二次公开权不得通过任何合同约定的形式加以限制。作者与出版者的出版合同如果涉及著作权转让条款，该条款对于作者二次公开的任何限制均属无效。在行使二次公开权的过程中，作者不应当向公众收取任何费用，作者应当向公众指明其作品首次发表的来源。

4. 首次发表时间

德国《著作权法》修改规定的公共资金资助的学术期刊公开获取应当在作品首次发表后一年之内，笔者认为，我国在规定作者二次公开权条款之时，应当结合我国学术期刊作品的市场实际情况进行调研，确定合理的向公众无条件公开时间。

（二）《科技成果转化法》之借鉴

我国新修订的《科技成果转化法》第11条规定，国家建立、完善科技报告制度和科技成果信息系统制度。科技报告和科技成果信息系统旨在向社会公布科技项目实施情况以及科技成果和相关知识产权信息，提供科技成果信息查询、筛选等公共服务。利用财政资金设立的科技项目的承担者应当按照规定及时提交相关科技报告，并将科技成果和相关知识产权信息汇交到科技成果信息系统。科技项目的承担者将财政资金资助项目提交科技成果信息系统，并不能完全解决学术期刊作品获取困境的问题。首先，在明确学术期刊作品出版信息的情况下，图书馆、大学、科研机构仍需要支付高额费用。其次，由于出版商的限制，科研成果仅能在订阅学术期刊的机构内传播。开放获取模式能够使得读者突破学术期刊的价格瓶颈而获得学术成果，增强学术科研成果的正外部性效应，减轻图书馆、大学、科研机构的经济压力，具有重要的社会价值。《科技成果转化法》中，仅规定科技项目的承担者将相关的知识产权信息提交科技成果信息系统。学术期刊作品应当为《科技成果转化法》所规定的科技成果的重要组成部分，科技成果信息系统应当与学术期刊作品开放获取紧密相融。学术期刊作品不应当仅仅作为知识产权信息纳入科技成果信息系统，财政资助的学术期刊作品应当作为科技成果信息系统的一部分。针对财政资金资助的科技项目，应当通过完善《科技成果转化法》的方式推进公开获取，提升科技成果信息系统的完整性与全面性。对于财政资金资助的科技项目首次公开发表的学术期刊论文，应当规定作者有权向公众无条件、通过有线或者无线方式、在可个别选择的时间地点公开。出版者不应当对于作者的二次公开权进行任何形式的限制。

第五节　版权限制一般条款对数字公共图书馆的适用

版权限制是一个复杂的系统，一般由版权的思想和表达二分法、版权保护的独创性条件、保护期限、权利穷竭、合理使用、法定许可使用构成，合理使用是版权限制的主要制度之一。合理使用分为以法国模式为代表的封闭式、以英国公平交易（fair dealing）模式为代表的半开放式、以美国合理使用（fair use）模式为代表的开放式。[①]我国《著作权法》第22条规定了12种情况的合理使用，但并未规定一般条款。《著作权法（修订草案送审稿）》则规定了合理使用一般条款。有必要探讨版权限制一般条款的设置模式及其解释，考虑版权限制一般条款对于新技术下公共图书馆的适用问题。

一、版权限制一般条款模式

（一）美国合理使用模式

美国《版权法》第107节规定构成合理使用（fair use）的条件：（1）使用的目的和特点，包括使用是否属于商业性质或为非营利教育目的；（2）受版权保护作品的性质；（3）从作品整体而言，对受版权保护作品使用的数量和实质；（4）使用对于受版权保护作品的潜在市场或价值的

[①] 朱理. 著作权的边界：信息社会著作权的限制与例外研究［M］. 北京：北京大学出版社，2011：47-51.

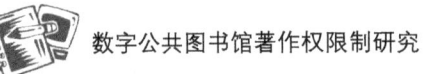

影响。美国开放式的立法模式与相关的协议、指南相结合,法院亦需通过判例使得合理使用原则得以具体化和确定化。

(二) 英国公平交易模式

英国公平交易模式的法律推理包括两个阶段。第一阶段是,相关情形能否为法律明文规定的限制覆盖;第二阶段是,被法律覆盖的行为是否公平。英国主要从以下因素考量是否构成公平交易(fair dealing):(1)作品的性质;(2)被告如何获得作品;(3)对原告作品的使用数量;(4)使用的目的;(5)使用对于市场的影响;(6)交易的替代方式。Ashdown v. Telegraph 案[①]中,法院指出判断合理使用的位阶因素。第一,商业竞争,即新作品是否与权利人对于受版权保护的作品构成竞争。第二,在先出版,即作品是否已经出版或者之前向公众公开。第三,原作品被使用的数量和重要程度。

有学者指出,英国公平交易制度在版权限制的具体规定上是封闭的,仅限于法律明文规定的情形;而在判断具体行为合法性方面,需要依照公平交易原则的要素进行判断。英国公平交易的特点在于,行为仅在符合英国《版权、外观设计和专利法》所列举的使用目的范围内,才构成公平交易;而行为本身在一般意义上具有"公平性"或者在英国《版权、外观设计和专利法》列举之外的特殊目的,均难以被认定为公平交易。[②]

(三) 多边版权条约"三步检测"模式

"三步检测"模式是版权限制一般条款的封闭式与开放式的平衡与妥协,最初规定于《伯尔尼公约》第 9 (2) 条,即"本联盟成果国的立法可以允许在某些特殊情况下复制上述作品,只要这种复制不与该作品的正

[①] Michelle Connelly. The Role of the E – Book in the Library System: A Comparative Analysis of US Fair Use and UK Fair Dealing in the E – Lending Universe [J]. Cardozo Journal of International and Comparative Law, 2013, 22: 561.

[②] 朱理. 著作权的边界:信息社会著作权的限制与例外研究 [M]. 北京:北京大学出版社, 2011: 53.

常使用相冲突，也不致不合理地损害作者的正当利益"。在关贸总协定乌拉圭回合谈判时期，《伯尔尼公约》被并入《TRIPS 协议》。《TRIPS 协议》第 13 条规定"全体成员方均应将专有权的限制或例外局限于某些特殊情形，不与作品的正常利用相冲突，也不应不合理地损害权利人的正当利益"，并将"三步检测"由复制权拓展至版权专有权。《世界知识产权组织版权条约》和《世界知识产权组织表演与录音制品条约》将"三步检测"拓展至邻接权。所谓"三步检测"，是指版权限制应当符合三个条件：(1) 局限于某些特殊情形；(2) 不与作品的正常利用相冲突；(3) 不应不合理地损害权利人的正当利益。

二、图书馆视角下著作权限制一般条款的解释

（一）图书馆视角下美国合理使用的解释

1. 使用的目的和特点

在 Campbell 案中，法官将使用的目的和特点解释为"超越原始作品的目标，或者增加新的更为深远的目标"。转化使用并不必然构成合理使用，需要考量著作权促进科学和艺术发展的目标，一般在转化作品的创作中得以实现。转化使用构成合理使用在于其与原始作品不同的新目标，或者拓展原始作品实用性，实现了著作权法扩大公有领域的立法目标。词汇"转化"并非用以理解合理使用的要素，并非所有的对于原始作品的改变都构成合理使用。

在 Campbell 案中，被告主张其作品为对于原始作品的滑稽模仿，构成合理使用。法院认为，滑稽使用构成合理使用的核心在于其评价了原始作品，如果相反，评价并未对原始作品构成批评性评价，其符合合理使用的可能性将减少。换而言之，构成合理使用，对于原始作品的借用必须有合理的理由。

Authors Guild v. HathiTrust 案中，HathiTrust 数字图书馆有两项重要的功能。第一，HathiTrust 数字图书馆允许公众通过数字馆藏检索特定术语。

除非有著作权人的授权,检索结果只显示特定属于出现的页码。数字图书馆不向检索者显示任何文本内容,因此检索者既不能阅览术语出现的页面内容,也不能阅览书籍的其他部分。第二,HathiTrust 数字图书馆允许会员图书馆向阅读障碍(print disability)人士提供受版权保护作品的全部文本。所谓阅读障碍,是指不能有效阅读印刷材料。阅读障碍除盲之外,还包括无法持有书本或者翻页。使用该数字图书馆服务的人士,必须具有由合格专家出具的证明。利用 HathiTrust 数字图书馆,阅读障碍者可以通过相关技术如将文本转换成声音的软件,或者放大字体的软件,了解书本的内容。关于全文检索功能,美国第二巡回上诉法院认为,构建全文检索数据库属于转换型使用。没有证据表明作者写作书籍的目的在于使得其作品被全文检索,因此,全文检索功能更没有超越作者创作作品之目的,仅仅构成将原始作品转化为新的展示形式。关于阅读障碍人士服务功能,美国第二巡回上诉法院认为,HathiTrust 数字图书馆允许会员图书馆向阅读障碍人士提供受版权保护作品的全部文本,由于为阅读障碍人士提供无障碍版式并非作者创作的预期目的,符合转化使用。

Authors Guild v. Google 案中,美国第二巡回上诉法院认为,Google 图书计划制作复制件和使用复制件作为检索工具的行为,构成合理使用。尽管图书馆存在下载和存储全部图书数字复制件的行为,上述复制行为对允许检索者识别和定位特定文字出处而言,是必要的。

Google 图书检索与 HathiTrust 有两方面的区别。第一,HathiTrust 并不向检索者展示任何文本,而 Google 图书检索向读者展示包含检索术语的片段。第二,HathiTrust 是非营利教育机构,而 Google 是营利性商业公司。就第一点差异而言,Google 图书检索的片段阅览功能,对检索功能增加了重要价值,仅仅知道术语所在位置对于检索者而言是不充分的,因为其并未展示术语讨论的语境。Google 图书检索的片段阅览功能,帮助检索者识别书籍是否属于其兴趣范围之内,而并未对作者的著作权利益造成损害。片段阅览在转化使用意义上对于检索者利益有明显的促进作用。就第二点差异而言,原告主张尽管 Google 并未直接因图书检索而享有收入汇报,鉴于 Google 是以营利驱动,其图书检索是为巩固在互联网检索市场的支配地位，因此是从图书计划中间接获益的。美国第二巡回上诉法院认为，营利目的不能改变前文所述对于原始作品的转化使用目的，商业使用即为非合理使用的推断是不成立的。

2. 受版权保护作品的性质

Authors Guild v. HathiTrust 案和 Authors Guild v. Google 案中，美国第二巡回上诉法院均认为，受版权保护作品的性质，并非判断合理使用的关键因素。受版权保护作品的性质并不影响前文关于转化使用构成合理使用的判断。

3. 从作品整体而言，对受版权保护作品使用的数量和实质

Authors Guild v. HathiTrust 案中，关于 HathiTrust 数字图书馆全文检索功能，美国第二巡回上诉法院认为，合理使用的第三个条件"从作品整体而言，对受版权保护作品使用的数量和实质"考量复制是否对于受版权保护作品超过了必要的范围，以及复制是不是过量。为了实现全文检索的功能，数字图书馆对其所有馆藏作品创建数字复制件。数字图书馆对其所有馆藏书籍进行使用以满足全文检索的功能，是具有合理必要性的，美国第二巡回上诉法院并不认为复制是过量的。关于 HathiTrust 数字图书馆阅读障碍人士服务功能，原告主张，图形文件并非必需。美国第二巡回上诉法院认为，文本文件对于文本检索和阅读障碍人士转化使用作品是必需的，图形文件包含信息、图形、表格，无法转化为文本和声音。然而，许多阅读障碍人士在图形放大到足够大或者颜色对比增加的情形下，能够辨识。其他因生理障碍例如无法持有书本或者翻页的人士，能够认清图形，因此，文本和图形文件都应当视为合理范畴。

Authors Guild v. Google 案中，美国第二巡回上诉法院认为，Google 图书的全文检索和片段浏览功能符合合理使用。关于全文检索功能，美国第二巡回上诉法院认为，允许复制的范围与使用的目的和性质密切相关，应当考量使用的数量和实质比例与复制目的相比，是否合理。关于全文检索功能，如同 Authors Guild v. HathiTrust 案中，法院认为复制原始文本全部是实现全文检索功能的必要条件，如果 Google 不进行原始文本的全文复制，其检索功能就无法实现。尽管 Google 对于全部书籍进行未经授权的全文复

制，但该复制件并未向公众公开。复制是为了满足检索功能而展示受限制的、关于书籍的重要信息，属于合理使用范畴。关于片段浏览功能，美国第二巡回上诉法院认为，使得检索者能够阅览部分复制文本，检索者阅览的收版权保护作品数量越多，检索者使用检索而非购买原告书籍的可能性就越大。但是，片段浏览并未使得受版权保护作品的市场受到影响。然而，Google对于检索者能够阅览的片段进行了有效控制，浏览片段的长度受到控制，单个页面浏览片段的频率受到限制，检索者片段浏览不超过全文的22%。

4. 使用对于受版权保护作品的潜在市场或价值的影响

Authors Guild v. HathiTrust案中，原告认为全文检索在两个方面影响了书籍的传统市场。第一，HathiTrust数字图书馆允许无须许可的数字检索，影响了潜在的市场。第二，HathiTrust数字图书馆创造了潜在的风险，其馆藏有可能被黑客利用，而使其庞大额馆藏在全球范围内传播。美国第二巡回上诉法院认为，关键在于因二次使用对于原版作品产生的替代作用。美国第二巡回上诉法院认为，第一，鉴于全文检索并非被检索书籍的替代品，图书馆可能愿意为其转换使用而支付费用，因此并不存在对于潜在市场的影响。第二，关于HathiTrust数字图书馆的安全风险问题，可以通过技术手段进行控制。一方面，HathiTrust数字图书馆服务器、存储、网络设备有严格监控，另一方面，接入HathiTrust数字图书馆受到严格限制。关于阅读障碍人士服务功能，美国第二巡回上诉法院认为，为阅读障碍人士提供数字版式的行为不可能对作品的现有市场造成明显的影响。事实上，在密歇根大学图书馆进行了身份确认的视障人士仅有32人，这足以说明阅读障碍人士属于绝对的小众群体。

Authors Guild v. Google案中，第二巡回上诉法院认为，片段浏览功能可能造成部分销售损失。但是，构成对于受版权保护作品的潜在市场或价值影响，必须是有意义和重要的。然而，片段浏览功能对于图书市场并不构成实质有竞争力的替代。尽管片段浏览显示了部分文本，但由于片段本身的简短性、零碎性、不完整性，对于作者利益的影响力是很小的。

(二) 图书馆视角下英国公平交易模式的解释

Ashdown v. Telegraph 案[①]中，原告 Ashdown 与英国首相布莱尔1997年10月秘密会晤，原告 Ashdown 撰写会晤内容并保密，原告 Ashdown 公开他希望出版包括秘密会晤内容的日记。该会晤内容被泄露给 Telegraph 报业的政治编辑。原告诉被告 Telegraph 报业著作权侵权。英国上诉法院认为，从使用目的方面考量，对会晤内容的使用并非批评或者评论，而是供读者阅读。从作品获得手段考量，由于会晤内容是由欺诈手段获得的，由欺诈手段获得的作品不应当被认为符合公平交易。从公共利益角度考量，不排除在少数情形下，表达自由这一公共利益将高于对版权人权利的保护。在不使用该作品无法进行准确分类或者清晰定义的情形下，表达自由高于版权人权利保护，但是本案中公共利益没有适用空间。从商业竞争角度考虑，被告 Telegraph 报业发表作品的行为损害了原告 Ashdown 所希望出版作品的商业利益。从作品性质考虑，原告将其作品保存于秘密状态，而被告的发表行为使得其向公众公开。

有学者认为，与美国的合理使用制度相比，英国公平交易制度缺乏必要的灵活性以适应技术发展之下版权法面临的滞后困境。在美国合理使用制度之下，法院在 Authors Guild v. HathiTrust 案和 Authors Guild v. Google 案中将转化性使用解释为合理使用情形，而转化性使用行为在英国则缺乏属于公平交易的解释空间。

三、图书馆视角下著作权限制一般条款的评价

(一) 美国合理使用模式的评价

美国合理使用模式下设置的著作权限制一般条款，是法官造法规则的

[①] Michelle Connelly. The Role of the E-Book in the Library System: A Comparative Analysis of US Fair Use and UK Fair Dealing in the E-Lending Universe [J]. Cardozo Journal of International and Comparative Law, 2013, 22: 561.

法典化，所规定的合理使用行为的目的，仅仅为示例性，而构成合理使用行为的目的并不局限于列举的范畴。对于合理使用的判断因素仅仅是说明性的，并不是完全列举。合理使用模式，具有灵活性，其优势在于实现平衡网络环境下权利人、使用者利益，消解技术发展之下版权法滞后性困境。Authors Guild v. HathiTrust 案中，法院判决认为全文检索、向阅读障碍人士提供全文阅览属于合理使用；Authors Guild v. Google 案中，法院判决认为全文检索、片段浏览属于合理使用。

美国合理使用模式缺陷在于语言模糊性和不确定性。如前文所述，合理使用包含四个要素：（1）使用的目的和特点，包括使用是否属于商业性质或为非营利教育目的；（2）受版权保护作品的性质；（3）从作品整体而言，对受版权保护作品使用的数量和实质；（4）使用对于受版权保护作品的潜在市场或价值的影响。其中第二要素即受版权保护作品的性质，法院在判决过程中指出其并非合理使用的决定要素。实际上，受版权保护作品是否公开，对于判断复制行为的合理性具有一定的参考价值。在使用目的和特点方面，法院在 Authors Guild v. Google 案并未将 Google 公司的商业性质作为重要因素考量，实际上，公共图书馆、高校图书馆、科研型图书馆等非营利图书馆与商业图书馆在是否与合理使用原则相符方面，有所区别是具有合理性的。

（二）英国公平交易模式的评价

英国公平交易制度缺乏必要的灵活性以适应技术发展之下版权法面临的滞后困境。数字技术、三网融合技术、数据与内容挖掘技术、云计算技术拓宽了图书馆的服务功能与范围，图书馆信息化建设日新月异。然而，在公平交易模式下，涉及技术设备之下的对于受版权保护作品的转化性使用，很难符合版权限制的规定。英国公平交易制度的法律推理包括两个阶段。第一阶段，相关的情形是否为法律明文规定的限制和例外覆盖？只有相关行为属于法律详细限定的具体情况，该使用行为才可以被允许。第二阶段，被法定的限制和例外覆盖的使用行为是否公平？仅在第二阶段，才根据与"合理使用原则"相似的条件对该使用行为进行审查。[①]

四、公共图书馆视角下版权限制一般条款之借鉴

（一）依"三步检测"构建著作权限制一般条款

始于《伯尔尼公约》的多边版权条约"三步检测"模式，代表了版权限制一般条款合理使用模式、公平交易模式的平衡，兼具灵活性与稳定性。采用"三步检测"模式构建版权限制条款，首先将重要的版权限制具体条款详细地规定，其次规定具有抽象概括性的"三步检测"，即版权限制应当符合三个条件：（1）局限于某些特殊情形；（2）不与作品的正常利用相冲突；（3）不应不合理地损害权利人的正当利益。

我国《著作权法》第22条规定了12种情况的合理使用，但并未规定一般条款。《著作权法（修订草案送审稿）》规定了合理使用一般条款，在第43条第2款中规定："使用作品，不得影响作品的正常使用，也不得不合理地损害著作权人的合法利益。"《著作权法（修订草案送审稿）》规定著作权限制一般条款，为技术发展下版权滞后性提供充分的协调空间，有助于实现权利人、使用者的利益平衡。

（二）合理解释著作权限制一般条款

解释合理使用目的应当考虑转化性使用的特点，若转化性使用超越原始作品的目标，或者增加新的更为深远的目标，促进科学和艺术发展，实现了版权法扩大公有领域的立法目标，宜认定为符合合理使用一般条款的使用目的要件。同时，有必要充分考虑公共文化服务机构的特点，对于公共文化服务机构承载的职能予以充分考虑。

在解释作品的正常使用方面，应当考虑对受版权保护作品超过了必要的范围。鉴于数据与内容挖掘技术、全文检索技术，对于图书馆馆藏书籍进行复制，是实现技术功能所必需的步骤，除此行为之外技术功能无法正

[①] 朱理. 著作权的边界 [M]. 北京：北京大学出版社，2011；54.

常发挥，应当认定符合作品的正常使用规则。

在解释不得不合理损害著作权人合法利益方面，包括片段浏览在内的图书检索功能，对于图书市场并不构成实质有竞争力的替代。尽管片段浏览显示了部分文本，但由于片段本身的简短性、零碎性、不完整性，对于作者利益的影响是有限的。

第三章

数字公共图书馆法定许可使用

第一节 数字公共图书馆电子借阅法定许可使用

荷兰公共图书馆协会（Vereniging Openbare Bibliotheken，VOB）在荷兰海牙地区法院对被告公共借阅补偿金协会 Stichting Leenrecht 提起诉讼，主张公共借阅补偿制度适用于电子书。荷兰海牙地区法院认为 VOB 的诉讼请求涉及欧盟法的解释问题，向欧洲法院提出初步裁决（preliminary ruling）请求。2016 年 6 月 16 日，欧洲法院法务官意见（Opinion of Advocate – General）公布，法务官从利益平衡、法律文义解释、欧盟著作权法上的国际义务 3 个方面进行论证，认为公共借阅权应无差别地适用于所有类型的、存在电子书形式的作品之中，引起图书馆界和出版界的重视。2016 年 11 月 10 日，欧洲法院裁决赞同法务官意见。鉴于我国学界对于公共借阅权及其在数字领域的延伸理论上尚存争议，实践中尚未确立公共借阅权制度，有必要深入研究 VOB v. Stichting Leenrecht 案。

一、公共借阅权和电子借阅的理论争鸣

（一）公共借阅权的理论争鸣

郑成思是我国最早使用"公共借阅权"（Public Lending Rights，PLR）

术语的学者，他认为公共借阅权是作者按其每本有版权的图书在公共图书馆中被借阅的次数收取版税的权利①。基于不同国家公共借阅权立法的差异，国际图联对公共借阅权作出两种不同定义，即属于版权权利的公共借阅权和属于补偿金权利的公共借阅权；所谓属于版权权利的公共借阅权，是指给予受版权保护作品作者有限的排他性权利，在作品发行后，作者有权授权或者禁止其作品进行公共借阅。所谓属于补偿金权利的公共借阅权，是指作者有权从其作品的公共借阅中获取金钱补偿，部分国家规定的公共借阅权补偿金在著作权法框架之内，部分国家则独立于著作权制度。②有学者认为，基于立法对社会资源有效利用效率的考虑，我国暂不适宜引入公共借阅权制度③。

尽管关于公共借阅权国内学者尚有分歧，但随着数字技术的发展，国外已存在公共借阅权扩展至电子书的趋势。2010年英国《数字经济法案》（Digtial Economy Act）对"图书"与"出借"作了宽泛解释，以覆盖"电子书"和"电子借阅"，加拿大、澳大利亚、丹麦等也在为公共借阅权制度的数字化扩张做前期准备。

（二）公共图书馆电子借阅的理论争鸣

关于公共图书馆公共借阅权是否延伸至电子借阅，国外学界主要存在肯定说、否定说、折中说三种观点。肯定说认为，公共图书馆公共借阅权应当涵盖电子书，主要有如下原因。第一，保障作者权利。公共借阅权延伸至电子书，能够保障作者对于出借作品获得补偿金，并能够在作者向公共图书馆出借其数字化作品的补偿金安排中，提供更多的清晰性和稳定性。能够解决电子借阅和电子出版过程中部分作者不能获得公平合理利益

---

① 郑成思. 知识产权法若干问题 [M]. 兰州：甘肃人民出版社，1985：118.
② The IFLA Position on Public Lending Right [EB/OL]. [2017-09-01].
③ 阴政宏，马超. 试论我国暂不宜引入公共借阅权制度 [J]. 图书馆界，2013（3）：1-3.

分享的问题。① 第二，符合技术中立原则。根据技术中立原则，纸质版图书和电子图书不应当在法律适用方面有所歧视，应当获得同等的法律待遇。公共借阅权涵盖电子借阅，实现印刷品借阅与电子借阅的镜像对应，符合技术中立原则。② 第三，符合效率原则。公共借阅权涵盖电子借阅，能够缓解公共图书馆出版商缔结著作权协议处理电子借阅问题的烦琐性并有利于提高效率。③ 第四，符合促进公共图书馆发展的公共政策。公共借阅权涵盖电子借阅，能够鼓励公共图书馆获取和出借电子书，有利于公共图书馆的发展。④ 第五，保障人权，实现信息正义。⑤ 信息自由获取和受教育权是基本人权。以公共图书馆为中心的公共借阅能够促进信息自由获取和保障公民受教育权。公共图书馆是著作权制度的"均衡器"，具有协调著作权人利益和社会公共利益的功能。公共图书馆秉承开放理念，承载着缩小信息鸿沟、促进信息正义的社会功能。数字时代，越来越多的出版物以数字和数据库的形式呈现。馆际互借、文献传递等不适用数字资源，出版商通过许可协议、技术措施限制图书馆数字资源和数据库的利用，数字公共借阅受到一定程度的制约。有必要将公共借阅权延伸至电子借阅，重构数字时代下权利人与公共利益的平衡。

否定说认为，公共图书馆公共借阅权不应当涵盖电子书，主要有如下

---

① UK Department of Culture, Media and Sport. Consultation on the extension of the Public Lending Right to Rights of holders of books in non – print formats [EB/OL]. [2017 – 08 – 30]. https：//www. gov. uk/government/consultations/consultation – on – the – extension – of – the – public – lending – right – to – rights – of – holders – of – books – in – non – print – formats. para 30.

② UK Department of Culture, Media and Sport. Consultation on the extension of the Public Lending Right to Rights of holders of books in non – print formats [EB/OL]. [2017 – 08 – 30]. https：//www. gov. uk/government/consultations/consultation – on – the – extension – of – the – public – lending – right – to – rights – of – holders – of – books – in – non – print – formats. para 30.

③ UK Department of Culture, Media and Sport. Consultation on the extension of the Public Lending Right to Rights of holders of books in non – print formats EB/OL]. [2017 – 08 – 30] https：//www. gov. uk/government/consultations/consultation – on – the – extension – of – the – public – lending – right – to – rights – of – holders – of – books – in – non – print – formats. para 30.

④ Séverine Dusollier. A manifesto for an e – lending limitation in copyright [J]. Journal of Intellectual Property, Information Technology and Electronic Commerce Law, 2014 (5).

⑤ Séverine Dusollier. A manifesto for an e – lending limitation in copyright [J]. Journal of Intellectual Property, Information Technology and Electronic Commerce Law, 2014 (5).

理由。第一，公共图书馆获取和出借电子书的不受限制的自由可能会损害新兴的电子出版市场。电子借阅存在风险，通过公共图书馆网站的电子借阅，可能替代通过在线电子书城的购买和借阅，对新兴电子书市场构成威胁。第二，有的学者认为在数字环境下，公共借阅补偿金不足以补偿作者和出版商。① 笔者对上述理由并不赞成。第一，关于市场问题，正如有的学者指出的那样，电子借阅亦可能通过形成浓郁的阅读氛围，形成阅读习惯，形成图书商业市场稳定的消费群体。第二，补偿金可以通过广泛调研、科学研究的方式，确定合理的公共借阅补偿金标准。

折中说认为，目前，电子书市场和电子借阅仍处于发展的初级阶段，其发展方向尚不甚明朗，电子借阅能否成为惯常实践尚不明了。因此，立法者对于公共借阅权是否延伸至电子借阅领域，应当采取谨慎的态度，先行等待和观察。从电子书市场的繁荣和电子借阅的发展趋势客观分析，笔者认为折中说观点亦值得商榷，著作权法协调电子借阅实践，重构利益平衡应为大势所趋。

二、VOB v. Stichting Leenrecht 案争议焦点

欧洲议会和欧共体理事会2006年12月12日通过《关于知识产权领域中出租权、出借权和某些邻接权的指令》（Directive 2006/115/EC of the European Parliament and of the Council of 12 December 2006 on rental right and lending right and on certain rights related to copyright in the field of intellectual property，以下简称2006/115号指令）。2006/115号指令第2（b）款规定，所谓出借（lending），是指在有限的时间内，非因直接或者间接的经济或者商业利益，通过公众可获得的机构而使用；第3（a）款规定，作者对其作品的原件和复制件享有排他的出租权和出借权；第6条规定，欧盟成员国在公共借阅方面，只要至少使得作者通过出借获得补偿金，则可减损出借权之规定，而成员国有权基于促进文化振兴之目的，自由决定公共借阅

---

① SEO/Ivir, Online lending of e-books by libraries: Exploring legal options and economic impacts [R], 2012.

补偿金的数额。公共借阅在法律性质上属于法定许可使用。

根据荷兰教育、文化和科学部报告，2006/115 号指令转化为荷兰法时，出借电子书并不属于出借权这一排他性权利的范畴。因此，公共图书馆不得基于公共借阅之规定，支付作者补偿金而获得电子书的法定许可使用[①]。Vereniging Openbare Bibliotheken（VOB）为荷兰公共图书馆协会，每个荷兰公共图书馆都是 VOB 会员。VOB 并不同意前述荷兰教育、文化和科学部报告的观点，认为荷兰法中的公共借阅应当包含电子书。VOB 以公共借阅补偿金协会 Stichting Leenrecht 为被告，向荷兰海牙地区法院提起确认之诉，请求法院作出裁决：(1) 出借电子书属于出借权范畴；(2) 无时间限制地出借电子书属于销售而非出借；(3) 公共图书馆出借电子书，支付合理的公共借阅补偿金，不构成著作权侵权[②]。VOB 主张，电子借阅为"一使用一副本"（one copy one user），即公共图书馆的电子书由一位借阅者下载之后，在借阅期间，其他借阅者无法获得该电子书；借阅期满后，该借阅者将无法继续阅读该书，而其他借阅者可以对该电子书进行电子借阅。VOB 将电子书的对象范围限制在"小说、短篇故事集、自传、游记、儿童书籍和青年文学"的范畴。诉讼参加人中，文学作品著作权集体管理组织 Stichting Lira、视觉艺术作品著作权集体管理组织 Stichting Pictoright 支持原告 VOB 的主张，出版者协会 Vereniging Nederlands Uitgeversverbond（NUV）则支持被告[③]。

荷兰海牙地区法院认为 VOB 的诉讼请求涉及欧盟法的解释问题，向欧洲法院提出初步裁决（preliminary ruling）请求。该请求涉及四个问题。[④]

问题一，"出借"是否包括电子借阅的解释问题。欧共体第 2006/115

[①] Opinion of Advocate General, Vereniging Openbare Bibliotheken v. Stichting Leenrecht, Case C-174/15, para. 14.

[②] Opinion of Advocate General, Vereniging Openbare Bibliotheken v. Stichting Leenrecht, Case C-174/15, para. 17.

[③] Opinion of Advocate General, Vereniging Openbare Bibliotheken v. Stichting Leenrecht, Case C-174/15, para. 18.

[④] Opinion of Advocate General, Vereniging Openbare Bibliotheken v. Stichting Leenrecht, Case C-174/15, para. 20.

号指令第 1（1）款、第 2（1）（b）款、第 6（1）款中所涉及的"出借"能否解释为，对于受著作权保护的小说、短篇故事集、自传、游记、儿童书籍和青年文学，非因直接或者间接的经济利益或者商业利益，由公众可及之机构通过进行电子借阅。该电子借阅流程为，公共机构服务器上传数字复制件 A，允许一位读者在其自己的计算机中下载，即读者计算机中存储复制件 B，在给定的期间届满后，该读者的复制件 B 无法阅读；在给定的期间届满前，其他读者无法下载复制件 A。

问题二，电子书出借权是否适用权利穷竭。欧共体第 2001/29 号指令第 4（2）款规定，除非权利人或者经其同意的在欧盟内的首次销售或者其他所有权转移，作品原件或者复制件的发行权不穷竭。如果问题一的答案是肯定的，那么欧共体第 2006/115 号指令和/或其他欧盟法律是否排除成员国基于权利穷竭实施欧共体第 2006/115 号指令第 6 条规定的出借权限制。在公共机构提供的作品（复制件 A）在首次销售、权利人或者经其同意进行的欧盟内复制件的其他所有权转移而投入流通时，是否适用出借权权利穷竭。

问题三，电子书来源是否必须合法问题。如果问题二的答案是否定的，那么欧共体第 2006/115 号指令第 6 条对于公共机构提供复制件（复制件 A）的来源是否有其他要求，例如复制件来源必须合法？

问题四，电子书借阅的期限问题。如果问题二的答案是肯定的，那么欧共体第 2006/115 号指令第 4（2）款发行权穷竭能否被解释为，"首次销售或其他所有权转移"包括对于著作权保护的小说、短篇故事集、自传、游记、儿童书籍和青年文学的无期限限制的远程下载使用？

三、数字环境下公共借阅权的法务官意见

VOB 在诉讼中将电子借阅的对象局限于"受著作权保护的小说、短篇故事集、自传、游记、儿童书籍和青年文学"，而法务官认为，荷兰法院所提及的不同类型的文字作品不能与其他作品在法律上区别对待。欧洲法院对问题一的初步裁决应当无差别地适用于所有类型的、存在电子书形式

的作品之中①。在拓展电子书客体类型的基础上，法务官从利益平衡、法律文义解释、欧盟著作权法上的国际义务3个方面进行论证，得出借阅概念应当包括电子借阅，2006/115号指令第6条规定公共借阅权适用于电子书的结论。

（一）利益平衡

法务官认为，2006/115号指令第6条规定公共借阅的解释，应当符合当代社会发展的要求，并为协调各种利益提供可能②。

2006/115号指令并不是全新的，而是脱胎于欧共体1992年11月19日第92/100号《关于知识产权领域中出租权、出借权和某些邻接权的指令》（以下简称92/100号指令），也并未实质性改变92/100号指令的出借权规定③。法务官认为，92/100号指令并未涵盖出借电子书，只是因为具有商业可行性的电子书技术当时尚不成熟；92/100号指令仅涉及录音制品和录像制品，甚至并未提到下载电子书；基于指令的宗旨，对2006/115号指令出借权的解释，是否应当将出借电子书排除在外？法务官认为，答案是否定的。

第一，对于指令的解释，应当考虑技术、市场和行为习惯的发展，不因过于严格的解释而囿于过往④。对于指令的解释，应当是动态的和发展的，特别是对于著作权这样对技术发展有深远影响的领域。2006/115号指令出借权条款旨在规制录音带、CD、VCD市场，而如今该条款已经过时，至少欧盟市场录音制品和录像制品已经让位于在线获取。滞后的法律会导致解释困境、不确定性和司法漏洞，应通过司法解释进行协调，保证立法

---

① Opinion of Advocate General, Vereniging Openbare Bibliotheken v. Stichting Leenrecht, Case C-174/15, para. 23.
② Opinion of Advocate General, Vereniging Openbare Bibliotheken v. Stichting Leenrecht, Case C-174/15, para. 24.
③ Opinion of Advocate General, Vereniging Openbare Bibliotheken v. Stichting Leenrecht, Case C-174/15, para. 27.
④ Opinion of Advocate General, Vereniging Openbare Bibliotheken v. Stichting Leenrecht, Case C-174/15, para. 28.

适应飞速的技术和经济发展①。2006/115 号指令序言亦指出，著作权必须与新的经济发展相适应②。法务官认为，电子书与传统书籍、电子书借阅与传统借阅存在很大不同，如二者对象形式不同，电子借阅更为便捷，电子借阅支持查找、翻译等传统书籍无法实现的功能，电子借阅不再要求读者进入公共图书馆。尽管如此，法务官认为，电子借阅与传统借阅的共性在于借阅者希望通过不在家中保留复本的方式了解书籍的内容。在此方面，电子书与传统书籍在出借方式上并无本质区别③。对 2006/115 号指令的解释，应当考虑将出借电子书纳入出借传统书的法律框架下进行规制的现实性④。

第二，公共借阅权涵盖电子书有利于保护作者利益。著作权法的宗旨在于保护作者利益。代表作者利益的著作权集体管理组织 Stichting Lira、Stichting Pictoright，在诉讼中支持原告并非偶然。当今确实存在电子书借阅市场，而图书馆存在出借电子书的情况。但是，该出借并非由 2006/115 号指令所规定，因此公共图书馆不能因公共借阅法定许可使用之规定而受益。出借电子书是基于图书馆和出版商之间的著作权许可协议而实现的。在支付协商确定的费用之后，出版社向图书馆提供电子书，图书馆有权向读者借阅电子书。Stichting Lira、Stichting Pictoright 主张，图书馆和出版商之间的著作权许可协议主要使得出版商和电子书交易的中间商获利，而并未对作者进行合理补偿⑤。如果电子借阅属于 2006/115 号指令规定的出借，则基于公共借阅之规定，独立于图书馆与出版商之鉴的著作权许可协

---

① Opinion of Advocate General, Vereniging Openbare Bibliotheken v. Stichting Leenrecht, Case C-174/15, para. 29.

② Opinion of Advocate General, Vereniging Openbare Bibliotheken v. Stichting Leenrecht, Case C-174/15, para. 31.

③ Opinion of Advocate General, Vereniging Openbare Bibliotheken v. Stichting Leenrecht, Case C-174/15, para. 32.

④ Opinion of Advocate General, Vereniging Openbare Bibliotheken v. Stichting Leenrecht, Case C-174/15, para. 34.

⑤ Opinion of Advocate General, Vereniging Openbare Bibliotheken v. Stichting Leenrecht, Case C-174/15, para. 35.

议，作者有权收取补偿金。① 因此，将 2006/115 号指令规定的出借解释为涵盖电子书，不仅不会影响作者的利益，反而可能使得作者权益受到更好的保护②。

第三，公共借阅权涵盖电子书有利于发挥图书馆文化保存和传播的功能。当前数字技术快速发展，图书馆的文化保存和传播功能的发挥受到局限。首先，图书馆特别是公共图书馆在出版商的高价要求下，难以采购足够的电子书，这一问题在欠发达地区尤为明显，而图书馆在欠发达地区的文化保存与传播功能更为举足轻重。其次，出版商和电子书交易中间商并不愿意与图书馆达成允许其出借电子书的协议。出版商和中间商认为，图书馆出借电子书将影响电子书的销售，阻止他们从电子书交易商业模式中获利。事实上，出版商和中间商通过协议方式限制图书馆出借电子书，如规定电子书下载的最大次数、出版后特定时间内不得出借电子书、拒绝与图书馆达成允许出借电子书的协议③。鉴于数字环境下图书馆发展步履维艰，公共借阅法定许可使用应当涵盖电子书，保障数字时代图书馆特别是公共图书馆文化功能的发挥。

（二）文义解释

NUV 提出，将 2006/115 号指令的公共借阅扩大解释为包括电子书，与 2001/29 号指令的文义不符；将公共借阅扩大解释为包括电子借阅，与 2001/29 号指令第 3 条规定相冲突。法务官指出，在 Usedsoft 案中，在计算机程序法律保护方面，裁决"复制""销售""发行"等概念应当在数字环境语境中进行解释④。从欧盟著作权法术语一致性原则的角度考量，公

---

① Opinion of Advocate General, Vereniging Openbare Bibliotheken v. Stichting Leenrecht, Case C-174/15, para. 36.
② Opinion of Advocate General, Vereniging Openbare Bibliotheken v. Stichting Leenrecht, Case C-174/15, para. 38.
③ Opinion of Advocate General, Vereniging Openbare Bibliotheken v. Stichting Leenrecht, Case C-174/15, para. 50.
④ Opinion of Advocate General, Vereniging Openbare Bibliotheken v. Stichting Leenrecht, Case C-174/15, para. 51.

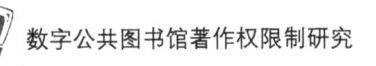

共借阅也应作出对等的解释。通过互联网下载计算机程序，应当属于复制；若依据无特定期限的使用者协议而下载，则构成销售，该销售使得发行权利穷竭①。法务官指出，2001/29 号指令和 2006/115 号指令中的"复制"概念应当包括没有物理介质的数字复制②。

（三）国际义务

法务官指出，欧盟是一系列著作权领域国际公约的缔约方，特别是 1996 年《世界知识产权组织版权条约》(*The World Intellectual Property Organization Copyright Treaty*，WCT) 有公共借阅包括电子书的解释，应当与欧盟的国际义务相一致③。电子书的出借属于对传播权特殊形式的使用，由 WCT 第 8 条规定。同时，WCT 第 10 条规定，缔约方可对于条约中的权利规定限制和例外，只要该限制和例外为"有限情形""不与作品的正常利用相冲突""不构成对于作者合法利益的不合理歧视"。

（1）电子书公共借阅法定许可符合"有限情形"的规定。电子书公共借阅在两方面受到限制：第一，电子书公共借阅并非延伸至传播权的所有形式，而是借阅这一特定形式，即具有特定的借阅期限；第二，电子书公共借阅主体仅限于进行非营利借阅活动的公共图书馆，目的仅限于为公众提供文化可及性。④

（2）电子书公共借阅法定许可不与作品的正常利用相冲突。NUV 指出，由于电子书并不会随着借阅次数增多而变旧破损，与传统借阅相比，电子借阅替代了在市场上购买电子书；电子书能够在质量不受影响的情形下进行复制，提高了超越借阅语境允许的使用风险，因此，电子借阅与著

---

① Opinion of Advocate General, Vereniging Openbare Bibliotheken v. Stichting Leenrecht, Case C-174/15, para. 52.
② Opinion of Advocate General, Vereniging Openbare Bibliotheken v. Stichting Leenrecht, Case C-174/15, para. 63.
③ Opinion of Advocate General, Vereniging Openbare Bibliotheken v. Stichting Leenrecht, Case C-174/15, para. 67.
④ Opinion of Advocate General, Vereniging Openbare Bibliotheken v. Stichting Leenrecht, Case C-174/15, para. 68.

作权的正常利用相冲突①。法务官指出,首先,数字借阅受到时间限制,而且仅允许读者在不保留复制件的情形下进行阅读;其次,数字借阅的电子书受到公共图书馆的限制,在一位读者进行借阅时,其他读者无法借阅;最后,有研究表明,不论是传统借阅还是电子借阅,并不会造成图书销售量的降低,相反,有可能通过鼓励阅读习惯形成的方式,促进图书销售量的增加②。

（3）电子书公共借阅法定许可不构成对于作者合法利益的不合理歧视。法务官指出,目前作者获得利益与否,在于其与出版商的谈判能力。一些作者可能有能力签订比较有利的著作权许可协议,另一些则不能。如果公共借阅包含电子书,则作者享有获得补偿金的法定权利,这一权利与作者和出版商之间的谈判并无关联。因此,公共借阅法定许可实际上使得作者的合法权利受到更好的保护,对于作者而言是有利的③。

（四）数字环境下权利穷竭原则之解释

法务官认为,2006/115号指令规定的出借权完全独立于发行权穷竭。

（1）在发行权穷竭之时,出租和出借权并不穷竭。换言之,仅仅购买作品并不意味着享有自由出租出借的权利。同样需要单独取得出租出借的权利,通过依据合同,取得作者的同意;或者在国内法转化2006/115号指令时符合第6条公共借阅法定之规定,在支付补偿金的基础上进行出借。（2）获得出租或者出借作品的权利并不依赖发行权的穷竭。对于从未计划公开发行的作品,如手稿、博士论文,亦适用公共借阅权。④

WCT第10条规定,缔约方可对于条约中的权利规定限制和例外,只

---

① Opinion of Advocate General, Vereniging Openbare Bibliotheken v. Stichting Leenrecht, Case C-174/15, para. 69.

② Opinion of Advocate General, Vereniging Openbare Bibliotheken v. Stichting Leenrecht, Case C-174/15, para. 74.

③ Opinion of Advocate General, Vereniging Openbare Bibliotheken v. Stichting Leenrecht, Case C-174/15, para. 83.

④ Opinion of Advocate General, Vereniging Openbare Bibliotheken v. Stichting Leenrecht, Case C-174/15, para. 84.

要该限制和例外为"有限情形""不与作品的正常利用相冲突""不构成对于作者合法利益的不合理歧视"。如果出借权或出租权基于作者的同意而获得，能够推定作者的权利获得了充分保障。如果基于法定许可而进行公共借阅，适用于从未计划公开发行的作品，作者的合法权利受损，经济利益亦受损。因此，首次出借的电子书应当由作者向公众公开，或者经其同意向公众公开。当然，公开经作者同意不得限制法定许可的范围，包括作品出借形式。①

四、VOB v. Stichting Leenrecht 案欧洲法院判决评析

（一）借阅概念解释问题

VOB v. Stichting Leenrecht 案欧洲法院裁决指出，2006/115 号指令序言 4 指出，著作权法应当适应经济新发展，例如，新形式的利用，而电子借阅毋庸置疑属于新的利用形式，著作权法有必要与之相适应。② 尽管 2006/115 号指令第 6 条是关于著作权限制之规定，根据欧洲法院判例法，对于第 6 条的解释应当保障著作权例外有效性的得到保护，以及著作权例外宗旨的实现。③ 鉴于电子图书公共借阅的重要性，保障 2006/115 号指令第 6 条公共节约例外的有效性，以及对于文化的促进性，公共借阅应当包含电子图书。④

电子书的出借属于对传播权特殊形式的使用，由 WCT 第 8 条规定。同时，WCT 第 10 条规定，缔约方可对于条约中的权利规定限制和例外，只要该限制和例外为"有限情形""不与作品的正常利用相冲突""不构成

---

① Opinion of Advocate General, Vereniging Openbare Bibliotheken v. Stichting Leenrecht, Case C - 174/15, para. 85.

② Judgment of the Court, Vereniging Openbare Bibliotheken v. Stichting Leenrecht, Case C - 174/15, para. 45.

③ Judgment of the Court, Vereniging Openbare Bibliotheken v. Stichting Leenrecht, Case C - 174/15, para. 50.

④ Judgment of the Court, Vereniging Openbare Bibliotheken v. Stichting Leenrecht, Case C - 174/15, para. 51.

对于作者合法利益的不合理歧视"。欧洲法院裁决指出，在本案中，争议主要涉及图书电子复制件借阅，公共图书馆将其置于服务器，允许读者通过在自己的电脑上下载获得复制件，在借阅期间内，仅能复制一份附件，在借阅期间结束后，已经下载的附件不能被读者使用。[①] 上述电子借阅应当被认为与印刷品借阅具有相似的特征。第一，对于同一附件同时下载的限制，暗含公共图书馆的外借能力并没有超过借阅印刷品图书。第二，电子借阅仅在特定的借阅期间内有效。[②]

（二）出借权是否适用于权利穷竭

VOB v. Stichting Leenrecht 案法务官认为，2006/115 号指令规定的出借权，实质上与发行权穷竭相互独立。在发行权穷竭的情形下，出租权和出借权并不穷竭。换而言之，仅仅购买作品并不意味着享有出租和出借的充分权利。

关于 2006/115 号指令是否应当被解释为阻止欧盟成员国实施指令第 6 条时，公共图书馆提供的数字复制件必须经由首次销售或者其他欧盟境内的经发行权人同意的所有权转移行为而进入流通。欧洲法院裁决指出，对于受著作权保护作品的利用，例如，公共借阅，在性质上与销售或者其他合法的发行方式不同，鉴于出借权仍是著作权人的一项排他性权利，出借权不因销售或者任何其他的发行行为而穷竭；而发行权可因欧盟境内著作权人同意的首次销售行为而穷竭。[③] 欧洲法院裁决指出，2006/115 号指令旨在协调作者利益与文化促进之间的平衡，而上述平衡正是公共借阅权赖以建立的公共利益目标，并使得成员国对于作者排他性权利规定例外获得

[①] Judgment of the Court, Vereniging Openbare Bibliotheken v. Stichting Leenrecht, Case C – 174/15, para. 52.

[②] Judgment of the Court, Vereniging Openbare Bibliotheken v. Stichting Leenrecht, Case C – 174/15, para. 53.

[③] Judgment of the Court, Vereniging Openbare Bibliotheken v. Stichting Leenrecht, Case C – 174/15, para. 59.

正当性。因此，作者应当因出借而获得补偿金。① 欧洲法院裁决指出，本案中，荷兰国内立法为实施公共借阅权例外规定了额外条件，要求公共图书馆提供的图书数字复制件必须已经通过首次销售或者其他在欧盟境内的、经过发行权人或者经其同意发生的所有权转移而进入流通。欧洲法院裁决，正如法务官意见正确指出的，如果未经权利人同意，将对权利人的合法利益造成损害。② 因此，欧盟成员国可以要求公共图书馆提供的数字复制件必须经由权利人同意而进入流通，这样能够降低对于权利人权利损害的风险，在实施公共借阅权例外时保护权利人的利益。③

（三）公共借阅作品复制件是否必须有合法来源

VOB v. Stichting Leenrecht 案法务官认为，欧洲法院曾作出判决，2001/29 号指令第 5（2）（b）款规定的私人复制例外应当被解释为，不包括由非法来源获得作品的私人复制。对于公共借阅法定许可使用的解释，也应当同等地解释为，必须有合法来源。由于公共借阅之规定使得公共图书馆受益，而公共图书馆面向广大公众，应当遵守法律规定，故其公共借阅作品应当有合法来源。成员国规定公共借阅条款时，应当要求出借的电子书由权利人或者经过其同意向公众公开。

VOB v. Stichting Leenrecht 案欧洲法院裁决指出，虽然 2006/115 指令第 6（1）款并未明确对于公共图书馆提供的电子书附件必须合法之要求，首先，如果接受公共图书馆可以出借非法来源的电子图书，意味着容忍甚至鼓励盗版，并最终对于文化促进之宗旨有害。④ 其次，从欧洲法院以往的

---

① Judgment of the Court, Vereniging Openbare Bibliotheken v. Stichting Leenrecht, Case C – 174/15, para. 60.
② Judgment of the Court, Vereniging Openbare Bibliotheken v. Stichting Leenrecht, Case C – 174/15, para. 63.
③ Judgment of the Court, Vereniging Openbare Bibliotheken v. Stichting Leenrecht, Case C – 174/15, para. 64.
④ Judgment of the Court, Vereniging Openbare Bibliotheken v. Stichting Leenrecht, Case C – 174/15, para. 68.

裁决观察，著作权限制不得包括由非法来源而制作复制件的情形。① 因此，欧洲法院裁决认为不得要求著作权人容忍对于其权利的侵害。

五、VOB v. Stichting Leenrecht 案之借鉴

（一）构建数字公共借阅权制度

有学者认为，基于立法对社会资源有效利用效率的考虑，我国暂不适宜引入公共借阅权制度②。然而，从法理角度、图书馆电子借阅的现实困境和欧美立法趋势观察，上述观点值得商榷。从法理方面分析，数字公共借阅权制度有利于保证作者获得补偿金，保证补偿金取得的清晰性和稳定性；符合效率原则，有助于缓解公共图书馆同出版商缔结著作权协议处理电子借阅的低效性；符合公平和信息正义，有助于实现数字环境下公共图书馆促进信息自由和保障受教育权的功能。从图书馆现实困境方面分析，目前，图书馆电子借阅以出版商、中间商的授权协议为基础，大部分图书出版商在提供给图书馆的电子借阅模式中加入限定并发用户数、限定借阅次数、限定借阅时间、限定重点新书销售、禁止远程借阅等条款，图书馆无法及时获得新出版的电子书，无法满足公共借阅的需求③。从欧美立法趋势分析，目前欧美出现公共借阅权网络延伸的势头。2010 年英国《数字经济法案》将公共借阅权的客体扩张到电子图书和有声图书④，规定非纸质类作品仅限于馆内使用，不得通过电子通信方式从馆外获取电子作品⑤。2013 年英国政府开始研究将公共借阅权纳入远程电子借阅⑥。加拿大公共借阅权委员会作出声明，2014—2015 年度将电子书纳入公共借阅权的适用

---

① Judgment of the Court, Vereniging Openbare Bibliotheken v. Stichting Leenrecht, Case C – 174/15, para. 69.
② 阴政宏，马超. 试论我国暂不宜引入公共借阅权制度 [J]. 图书馆界，2013（3）：1 – 3.
③ 王雪. 英国公共图书馆电子书借阅试验探索 [J]. 图书情报工作，2015（14）：67 – 72.
④ 傅文奇，王海霞. 英国图书馆电子借阅服务的现状、障碍及对策 [J]. 情报资料工作，2015（1）：87 – 92.
⑤ 张亚菲. 英国《数字经济法案》综述 [J]. 网络法律评论，2013（1）：232 – 242.
⑥ 王雪. 英国公共图书馆电子书借阅试验探索 [J]. 图书情报工作，2015（14）：67 – 72.

范围[①]。2014年5月欧洲图书馆、信息和文献协会管理局（The European Bureau of Library, Information and Documentation Associations, EBLIDA）发布修订后的电子书采购和借阅意见书，建议更新欧洲版权法，为读者提供借阅电子书的便利[②]。公共借阅权制度体现了版权人、作品利用人、作品传播人的平衡，有利于文化传播，有利于发挥图书馆文化服务的功能。因此，有必要在《著作权法》中增加公共借阅权规定，即著作权人及邻接权人享有的，并根据其享有著作权的每单位作品在图书馆等提供作品公共借阅服务的社会组织中被借阅的次数依法收取版税或补偿金的权利[③]。公共借阅权扩展至电子书，一方面有利于保护作者利益，另一方面有利于实现作者、读者、出版商、图书馆等主体利益的平衡。鉴于目前公共图书馆的发展受制于出版商和中间商著作权许可协议之规定，从保障图书馆文化服务功能的角度，将公共借阅权扩展至电子借阅领域，建立数字公共借阅权制度。

数字公共借阅权在法律属性上为法定许可使用。《信息网络传播权条例》第7条规定信息网络传播权的合理使用制度，即"图书馆、档案馆、纪念馆、博物馆、美术馆等可以不经著作权人许可，通过信息网络向本馆馆舍内的服务对象提供本馆收藏的合法出版的数字作品"。该条款将电子书的传播范围严格局限在图书馆的馆舍内，不利于发挥数字资源的便利性优点。《信息网络传播权条例》第8条和第9条规定信息网络传播权的法定许可使用制度，第8条规定"通过信息网络实施九年制义务教育或者国家教育规划"情形，第9条规定在间接获得经济利益情形下，"为扶助贫困，向农村地区的公众免费提供国内已经发表的种植养殖、防病治病、防灾减灾等与扶助贫困有关的作品和适应基本文化需求的作品"。笔者认为，从平衡作者、读者、出版商、中间商、公共图书馆利益的角度，信息网络传播权的法定许可使用有必要延伸至电子借阅领域，构建数字公共借阅权制度。

[①] 任慈，傅文奇. 加拿大图书馆电子借阅服务研究 [J]. 图书馆论坛，2015 (7)：128-135.
[②] 王雪. 英国公共图书馆电子书借阅试验探索 [J]. 图书情报工作，2015 (14)：67-72.
[③] 陈信勇，董忠波. 对公共借阅权制度的法律思考 [J]. 图书情报工作，2005 (9)：38-41.

我国是 WTO 成员方，在版权限制与例外制度的设立方面应当遵循《TRIPS 协议》第 13 条的规定，即"在特殊情形之下""不与作品的正常利用相冲突""不构成对于作者合法利益的不合理损害"。公共借阅权这一许可使用制度应当受到严格的限制。主体方面，应当局限于数字公共图书馆；目的方面，应当是非因营利或经济目的，为公众提供免费借阅服务；来源方面，图书馆提供的电子书应当具有合法来源。在电子书借阅规则方面，也应当受到限制。首先，电子借阅受到时间限制，而且仅允许读者在不保留复制件的情形下进行阅读。其次，电子借阅的电子书受到公共图书馆的限制，在一位读者进行借阅的时候，其他读者应无法进行借阅。同时，有必要在广泛深入调研的基础上，研究合理补偿金数额的确定。

（二）谨慎界定电子书权利穷竭制度

我国学者对于权利穷竭制度是否适用于网络环境下的发行权存在不同意见。有学者认为，限于服务对象地域性、并发外借用户量和期限的有限性、电子图书发布的滞后性，公共图书馆电子借阅服务不会对出版市场产生大的影响，反之，电子借阅服务基于广告宣传作用，有助于电子书的销售。[1] 权利穷竭原则不会妨碍出版商的正常经营，可以成为平衡图书馆、出版商、中间商和读者利益的重要手段[2]。将权利穷竭原则引入数字环境，从法律上确认图书馆开展电子借阅服务的合法性，既是技术和市场发展的要求，也是利益平衡的需要。

在实践层面，虽然 2012 年 7 月 3 日欧洲法院 Oracle v. UsedSoft 案判决指出，软件的版权所有人不能阻止已获得永久许可权的用户转售其许可权；但是 2013 年德国 Bielefeld 地区法院判决电子图书和音频图书不适用于权利穷竭原则。[3] 欧盟成员国可以要求公共图书馆提供的数字复制件必须

---

[1] 翟建雄，邓茜. 电子图书与电子借阅权——数字和网络时代"首次销售原则"的困惑与出路 [J]. 法律文献信息与研究, 2014 (Z1): 33-45.
[2] 蔡晓东. 电子书借阅与首次销售原则 [J]. 图书馆, 2015 (6): 82-85.
[3] 傅文奇, 王海霞. 英国图书馆电子借阅服务的现状、障碍及对策 [J]. 情报资料工作, 2015 (1): 87-92.

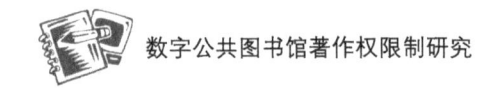

经由权利人同意而进入流通，减少对于权利人权利损害的风险，在实施公共借阅权例外时保护权利人的利益。①

笔者认为，从《TRIPS 协议》第 13 条之规定，即"在特殊情形之下""不与作品的正常利用相冲突""不构成对于作者合法利益的不合理损害"角度考虑，在公共借阅法定许可问题上，应当遵循出借权与发行权穷竭相互独立原则。应以民法中的非常损失规则为理论依据，削弱权利穷竭原则，对版权限制进行反限制，符合公平、效益的法律价值，合理地保护版权人的权利。在规定公共借阅权和公共电子借阅法定许可制度的前提下，出于对于版权人、出版商利益的保护，权利穷竭在电子借阅情形下并不适用。

（三）限制通过许可协议排除电子借阅

随着数字技术的发展，公共图书馆提供计算机软件作品、电子数据库、电子书、数码图库等，越来越多地依赖于许可协议。从形成方式上，版权许可协议可以分为拆封许可协议和点击许可协议两类。所谓拆封许可协议，是指在版权作品交易中，提供者将协议附在作品外包装之内，消费者购买商品并拆开包装则视为接受全部内容。所谓点击许可协议，是指用户在使用作品前，通过一道选择程序表明是否同意协议的内容，只有选择全部同意协议的内容才能继续使用软件。在公共图书馆领域，版权许可协议对于版权限制的挤压主要体现在以下方面：第一，对于合理使用的规避。例如，Springer Link 与中国科学技术信息研究所图书馆签订的许可西医规定，只允许图书馆制作一份数字格式的内容复制件以备保存。第二，对于法定许可使用的规避。在图书馆复制权和信息网络传播权法定许可使用方面，我国图书馆与资源提供商签订的资源许可协议均加以严格限制。第三，规避可适用于图书馆的技术措施。在馆际互借方面，美国科学协会 Science Online 许可协议禁止以任何数字形式对其在线资源开展馆际互借。②

---

① Judgment of the Court, Vereniging Openbare Bibliotheken v. Stichting Leenrecht, Case C‑174/15, para. 64.

② 美国科学协会. 馆际互借案例［EB/OL］.［2017‑04‑30］. http：//www. science. mag. org/subscriptions/termsunlim. shtml.

Elsevier 与中国科学图书馆签订的《许可协议》规定，不得对被许可资源中包含的任何技术措施进行逆向工程、反编译或者分解。[1]

英国 2014 年 10 月 1 日正式实施涉及 9 个版权例外制度的修订。值得注意，英国版权法修改稿在规定版权例外时明确规定，任何意图阻止或限制实施合理使用行为的合同条款都不具有可执行力。[2] 传统版权限制属于任意法，在版权许可协议排除版权限制的情形下，我国现有法律通常不能否定该许可协议的效力，因此法律的专门介入十分必要。为了防止版权人通过版权许可协议排除版权限制允许的行为，基本思路是将属于任意法的限制制度转变为强行法，禁止当事人通过版权许可协议排除版权限制制度的适用。因此，有必要规定电子借阅法定许可制度，即符合条件的数字公共图书馆电子借阅法定许可使用不应受合同条款的制约；限制电子借阅法定许可的合同条款，应为无效条款。

第二节　数字公共图书馆孤儿作品法定许可使用

一、孤儿作品的内涵

孤儿作品基本内涵在于著作权人无法找到或者无法联系。2005 年 1 月，美国国会议员提出关于进行孤儿作品问题研究的议案，美国版权局 2006 年关于孤儿作品报告即为版权局为该议案所作努力的成果之一，该报告关于孤儿作品的定义为欧盟委员会研究报告[3]、澳大利亚版权局研究报告[4]所引用或者引注。根据美国版权局 2006 年关于孤儿作品报告的定义，

---

[1] 刘燕. 版权协议对图书馆权利的制约与对策分析 [J]. 图书馆工作与研究，2013 (9)：58 - 61.

[2] 胡开忠，赵加兵. 英国版权例外制度的最新修订及启示 [J]. 知识产权，2014 (8)：73 - 78.

[3] EU High Level Expert Group. Final Report on Digital Preservation, Orphan Works, and Out - of - Print Works [R]. 2006.

[4] Australian Law Reform Commission. Copyright and the Digital Economy [R]. 2013.

术语"孤儿作品"(orphan works)用以描述如下情形,即使用者希望以获得著作权所有人权利许可的方式利用作品,然而著作权所有人信息不明或者无法找到。① 2008年欧盟委员会绿皮书《知识经济中的著作权》指出,所谓孤儿作品,是指仍在著作权保护期限之内,而著作权所有人信息不明或者无法找到。② 欧盟高级专家小组 2009 年最终报告《数字图书馆:建议与未来挑战》对孤儿作品的定义为,权利人信息不明或者无法找到的作品。③ 根据澳大利亚法律改革委员会2013年报告《著作权与数字经济》,孤儿作品,是指希望获得作品使用权的使用者无法识别或者找到(identified or located)权利人的受版权保护的材料。④

欧盟高级专家小组在以下方面得出与美国孤儿作品市场化发展的不同结论。⑤ 第一,对于作品的"合理勤勉检索"(reasonably diligent search)应当通过权利人与文化机构之间的有效合作,形成关于合理勤勉检索指南方式解决。第二,发展孤儿作品信息数据库对使用者检索信息提供帮助。第三,发展权利清算机构,构建权利清算程序,通过清算机构给予使用者孤儿作品使用许可有助于解决孤儿作品使用问题。第四,著作权集体管理组织或者其他中介组织可能在权利清算机构和权利清算程序的构建中发挥作用。

二、数字公共图书馆视角下的孤儿作品问题

根据2006年美国孤儿作品研究报告近850份调研显示,孤儿作品问题的影响涉及文字作品作者、艺术家、电影制片人、图书管理员、档案管理员、教育界人士、科研人员等。文字作品作者和出版者因为孤儿作品问

---

① U. S. Copyright Office. Report on Orphan Works [R]. 2006, p. 1.
② Commission of The European Communities. Green Paper, Copyright In The Knowledge Economy [R]. Com (2008) 466/3, p. 10.
③ EU High Level Expert Group on Digital Libraries, Digital Libraries: Recommendations and Challenges for the Future [R]. Dec. 2009, p. 6.
④ Australian Law Reform Commission. Copyright and the Digital Economy [R]. 2013: 249.
⑤ EU High Level Expert Group. Final Report on Digital Preservation, Orphan Works, and Out-of-Print Works [R]. 2006.

第三章 数字公共图书馆法定许可使用

题，被迫停止包括历史资料以及图片的出版项目。学术研究者由于不能明确其对孤儿作品的使用权限，被迫限制研究范围甚至更换研究方向。记录片制片人必须花费大量时间和金钱清算孤儿作品以获得重要史料电影脚本，而且通常经过勤勉努力却仍不能做到。录音制作者希望重播"广播黄金时代"的广播作品，但通常无法联系著作权人并获得许可，即使在愿意支付使用费的情形下，由于孤儿作品问题，无法使用其所希望模仿的音乐模式。摄影公司拒绝重拍和修复老照片，因为担心老照片涉及孤儿作品著作权人许可问题。

即使是规模宏大、资金雄厚的机构，例如美国国会图书馆或者哈佛大学图书馆，因为孤儿作品问题的困扰，无法通过重要史料、美术作品和学术作品的数字化和向美国或者世界范围内的学生、教师、研究者提供下载资源。澳大利亚国家图书馆（The National Library of Australia，NLA）对于馆藏的、经筛选覆盖一定范围期限和创作形式的800件作品进行调查，并发现12.9%处于著作权不确定状态（Copyright Undetermined Status）。澳大利亚国家图书馆估计，在其藏书中有2 041 720件未出版的作品。[①] 排除已出版的作品，对澳大利亚数字联盟（Australian Digital Alliance，ADA）和澳大利亚图书著作权委员会（Australian Libraries Copyright Committee，ALCC）的成员调查显示，其成员馆藏孤儿作品的比例在10%~70%。[②] 加州大学洛杉矶分校（University of California, Los Angeles，UCLA）图书馆无法定位作者并向其征得同意而通过互联网向公众传播墨西哥及墨西哥美国后裔的艺术藏品和录音资料。收藏爱好者由于孤儿作品无法借助数字途径，与其他收藏爱好者分享其所收藏的具有文化价值的藏品。尽管目前美国著作权法允许图书馆、博物馆等文化机构无法定位其藏品的著作权人，无法拍摄电子照片、通过网络分享给公众等方式发挥数字媒体对于文化传播的促进作用，无法实现通过向学者和研究院提供便捷的文化资源促进其研究。科学家和工程师无法定位计算机软件的作者，无法获得许可，更新

---

① Australian Law Reform Commission. Copyright and the Digital Economy [R]. 2013：38.
② Australian Law Reform Commission. Copyright and the Digital Economy [R]. 2013：367.

或者修改被遗弃的计算机软件。

一端是弥足珍贵、源远流长的传统文化资源,一端是日新月异、发展迅捷的云计算技术、大数据时代,数字化孤儿作品跨越时空阻隔,如顽童般将作者权利保护、文化资源保护、技术提供商激励等棘手问题抛到研究者的面前。一方面,大陆法系国家与英美法系国家对孤儿作品保护的动因、法律价值位阶、孤儿作品的概念和孤儿作品的保护模式在立法与司法实践两个层面均有不同取舍。另一方面,鉴于网络环境中的孤儿作品在实践中引起的文化创意产业发展的阻碍问题,美国、欧盟先后对于包括孤儿作品在内的网络环境下著作权改革问题开展研究。西方学者形象而幽默地提出"构建合理制度,接小孤儿回家",然而美国与欧盟在数字化孤儿作品问题尚未交出令人满意的答卷。相反,制度设计的不足为理论和实践两个层面的建构提供了无限遐思空间。

目前关于孤儿作品理论研究与立法实践两个层面的多样性与非确定性并未阻止数字化孤儿作品成为一个跨国性问题。首先,孤儿作品问题发轫于数字图书馆建设,发端于数字著作权交易市场构建。数字化孤儿作品问题的解决是构建数字著作权交易机构或者市场的关键环节,原因在于孤儿作品给使用者的风险性、高成本和非确定性是数字著作权交易的高效率、低成本、便捷性的主要矛盾之一。目前,英国和新加坡已确立建设国际性或者区域性领先水平的数字著作权交易中心。英国 Ian Hargreaves 报告第二阶段实施报告《著作权:数字时代著作权许可改革》提出,建立著作权中心(Copyright Hub)。[1] 所谓的著作权中心位于英国的非营利性、产业带动的著作权交易中心,基于自愿、选择进入、非排他性和促进竞争原则,使用跨行业、跨国界的数据建构模块(Data Building Blocks)和标准,与不断增长的其他国际、国内公立或者私立数字著作权交易中心、权利登记中

---

[1] UK Intellectual Property Office. The Government Response to the Hargreaves Review of Intellectual Property and Growth [EB/OL]. [2017 – 04 – 30]. http://www.ipo.gov.uk/ipresponse – full.pdf.
Intellectual Property Office. Rights and Wrongs: Is Copyright Licensing Fit for Purpose for the Digital Age? The First Report of the Digital Copyright Exchange Feasibility Study [EB/OL]. [2017 – 04 – 30]. http://www.ipo.gov.uk/dce – report – phase1.pdf.

心、其他著作权相关数据库相互协同。在供给层面，著作权中心将为英国境内、境外的商业和文化领域的著作权许可人提供服务；在需求层面，著作权中心将为被许可人或者使用者服务。① 继英国政府之后，新加坡政府于 2012 年 5 月开始总体规划，预计通过十年时间将新加坡发展成为亚洲全球知识产权中心。新加坡知识产权中心的主要目标有两项。一是知识产权交易和管理，公司可将新加坡作为国际知识产权管理和交易的基础。二是知识产权档案中心，公司可将其工业产权在新加坡进行注册，将其著作权在新加坡进行登记。② 首先，可以预见，跨国性著作权交易市场的建立与运行将促进数字化孤儿作品的跨国协调。再次，在 TPP 谈判中，孤儿作品立法协调有可能作为一项内容。新西兰在最新提交的 TPP 谈判草案文本中，将孤儿作品问题作为协调的内容之一。③ 最后，欧盟孤儿作品国内立法的协调，是欧盟一体化进程在欧盟著作权法领域的又一发展。根据欧盟《孤儿作品指令》第 9 条之规定，欧盟成员方应当在 2014 年 10 月 29 日之前，制定和实施与该指令相一致的、必要的法律、法规和行政规章。成员方应当毫不迟疑地将上述法律、法规、行政规章通知欧盟委员会。④ 根据欧盟《孤儿作品指令》第 10 条之规定，欧盟委员会应当在 2015 年 10 月 29 日之前，每年提交报告，内容涉及实施指令范围内可能包括的出版者及作品，或者目前尚未包括在指令范围内的其他受保护客体，特别是照片以及其他图像。⑤ 欧盟委员会应当在 2015 年 10 月 29 日之前，向欧洲议会、

---

① Richard Hooper, Ros Lynch. Copyright works – Streamlining copyright licensing for the digital age [EB/OL]. [2017 – 04 – 30]. http：//www.ipo.gov.uk/dce – report – phase2.pdf.

② Intellectual Property Office of Singapore. IP as New Growth Area – Government Accepts IP Hub Master Plan Recommendations [R]. 2013.

③ TPP Text submitted by New Zealand [EB/OL]. [2017 – 04 – 30]. http：//www.citizen.org/documents/NewzealandproposedIPChaptertext.pdf.

④ Article 9, Directive 2012/28/EU, "Member States shall bring into force the laws, regulations and administrative provisions necessary to comply with this Directive by 29 October 2014. They shall forthwith communicate to the Commission the text of those provisions".

⑤ Article 10, Directive 2012/28/EU, "The Commission shall keep under constant review the development of rights information sources and shall by 29 October 2015, and at annual intervals thereafter, submit a report concerning the possible inclusion in the scope of application of this Directive of publishers and of works or other protected subject – matter not currently included in its scope, and in particular stand – alone photographs and other images".

欧盟理事会和欧盟经社委员会提交实施本指令的报告。在必要情形下，特别是保障欧盟内部市场功能情形下，欧盟委员会应当提交关于修改本指令的建议。① 欧盟《孤儿作品指令》在成员方实施过程中的孤儿作品合理勤勉检索的相关立法及指令本身可能存在的修改，可能为我国立法提供有价值的参考资源。

三、孤儿作品合理勤勉检索

（一）孤儿作品合理勤勉检索问题的提出

美国版权局报告建议，版权局通过立法方式，给予孤儿作品使用者确定的侵权抗辩，当适应者在进行使用行为之前，进行了善意（good faith）的、合理勤勉的检索（reasonably diligent search），而作品著作权所有人无法找到。美国版权局报告建议，通过合理勤勉搜索，法律并未剥夺拟使用作品的著作权，但允许使用者在进行符合条件的检索之后，基于受到特定目的限制的非排他许可，使用作品。② 2008 年 10 月，Google 公司与著作权协会和出版者协会以及出版商达成和解协议。和解协议允许 Google 公司为建设数字图书检索引擎之目的，复制绝版图书，无须获得著作权人和出版者的同意。③ 图书权利中心运作中，Google 公司作为使用者和著作权人之间的中介，确保使用者向权利人支付使用报酬。图书权利中心将为孤儿作品积极检索和确定其作者信息。④ 尽管在作品类型、使用概念、使用主体概念方面，欧盟与美国孤儿作品定义存在明显区别，但欧盟借用了美国孤儿作品立法中的"合理勤勉检索"概念。欧盟高级专家小组 2009 年最终

---

① Article 10, Directive 2012/28/EU, "By 29 October 2015, the Commission shall submit to the European Parliament, the Council and the European Economic and Social Committee a report on the application of this Directive".

② U. S. Copyright Ofiice. Report on Orphan Works [R], 2016

③ Proposed Settlement, Authors Guild v. Google Inc., No. 05 CV 8136 (S. D. N. Y. filed Oct. 28, 2008).

④ Proposed Settlement, Authors Guild v. Google Inc., No. 05 CV 8136 (S. D. N. Y. filed Oct. 28, 2008).

报告报告指出，对于作品的"合理勤勉检索"应当通过权利人与文化机构之间的有效合作，通过关于合理勤勉检索指南方式解决。①

首先，合理勤勉检索标准为孤儿作品的使用者进行善意和勤勉的检索提供了明显的激励，使用者可以在不受侵权责任限制的条件下使用作品，尽管其无法找到作品所有人。其次，合理勤勉检索激励希望获得著作权保护的著作权所有人将其涉及著作权所有人权利保护的意愿使得公众知晓。鉴于孤儿作品产生原因之一在于著作权所有人并未被要求登记其权利，通过激励著作权所有人使其信息为公众获得，有助于减少孤儿作品数量。鉴于"reasonable"和"diligent"术语具有深远的英美法渊源，有必要整理涉及上述概念的法理学说和司法实践，有助于准确理解孤儿作品合理勤勉检索这一概念提出的文化、历史与法律背景。

根据布莱克法律词典的定义，"reasonable"一词有四层法律含义。一是公平（fair）、合理（proper）或者适度（moderate）。二是合乎道理（according to reason），如 John Salmond 指出的，"说明律师所提及的'合乎道理'是非常困难的，这一术语一部分涉及自然法或者自然正义的通常观念，一部分指基于法治原则（rules of law）的逻辑思考"。"reasonable 术语一方面形容对于理性能力的合理使用，另一方面仅指评价，本身对于确定合理或者公正的价格、合理的或合适的期限，以及合理怀疑并无助益，律师提及合理怀疑，是指实在的怀疑。"三是指人的理性能力，例如"理性人将在穿过马路时注意两边的车辆"。四是在古英语（archaic）语境下使用，例如"受刑法处罚的杀人行为传统上被称为非法杀死'理性人'"。在界定孤儿作品合理勤勉检索的合理概念时，除第四层意思之外，前三层含义应予以考虑。理性人（reasonable person）以及商业合理性（commercially reasonable）两术语的理论与实践应当作为考察合理谨慎检索的理性与善意原则的语境。

根据布莱克法律词典的定义，勤勉（diligent）的概念为，小心地

---

① EU High Level Expert Group. Final Report on Digital Preservation, Orphan Works, and Out-of-Print Works [R], 2009.

(careful)、注意地（attentive）、坚持地（persistent）做某事；勤勉查询（diligent inquiry）的概念为，小心地（careful）和善意地调查，确定某事的真实性。合理勤勉（reasonably diligent search）是一个在美国《国内税收法典》（Internal Revenue Code）、《联邦证据法规则》（Federal Rules of Evidence Rule）、《通知送达》（Serving Notices）等领域适用的概念。

（二）孤儿作品合理勤勉检索的性质

目前，学者对于孤儿作品的研究成果尚集中于孤儿作品定义和孤儿作品使用模式两个方面，而且对于孤儿作品的强制许可使用、法定许可使用和特别授权三种模式，法定许可使用在平衡权利人与使用者方面的优势成为学者的共识。孤儿作品数字化合理勤勉检索应具有法定许可使用构成要件的法律属性。

（三）孤儿作品合理勤勉检索的内涵

合理勤勉（reasonably diligent search）是一个在美国国内税收法典（Internal Revenue Code）、联邦证据法规则（Federal Rules of Evidence Rule）、通知送达（Serving Notices）等领域适用的概念。美国《联邦证据规则》第803（10）款规定，为证明某项记录、报告、陈述或者数据集合的缺失，应有与本法第902条的规则一致的证明（certification），或者证言（testimony），即勤勉检索（diligent search）无法开示上述记录、报告、陈述或者数据集合。上述规则被解释为，规则的实质性要求在于记录缺失的证据是"勤勉检索"的结果。孤儿作品的合理勤勉检索，应具有与《联邦证据规则》第803（10）款规定的证明善意与勤勉的证据效力。

孤儿作品的合理勤勉检索与美国侵权行为法上的"理性人"标准联系紧密。美国侵权法上的疏忽责任理论（Negligence liability）为侵权法重述所明确和澄清。美国三次侵权法重述焦点在于通过"理性人"术语定义疏忽责任的概念。① 尽管侵权冲突法重述试图界定疏忽行为的内涵，但其措施仍然是模糊和不确定的。在司法实践中，法官发展了关于理性人标准的学说，其中有主要影响的包括霍姆斯法官的"可预见性检测"（a test of foreseeability）、汉德法官的汉德公式（Hand Formula）和 Steven Hetcher 法官的主要社群原则（Prevailing Community Norms）。霍姆斯法官将理性人标准视为要求陪审团作出衡量损害是否能够遇见，汉德法官则通过成本－收益分析，均衡考虑损害的程度、发生可能性、采取预防措施的成本以综合确定疏忽概念。Steven Hetcher 采用法社会学和心理学进路，将社群所共有的原则视为陪审团将适用的理性人标准。符合法定要件的孤儿作品合理勤勉检索，构成著作权侵权中的过失责任限制情形。

四、孤儿作品数字化合理勤勉检索的原则

欧盟 2008 年著作权高级小组关于《数字化保护、孤儿作品和绝版作品最终报告》指出关于孤儿作品保护五个方面的原则，其中第二原则为，对于孤儿作品的使用应当通过善意的检索，识别、定位作者并与作者联系。

美国《2006 年孤儿作品法案》议案对于孤儿作品合理勤勉检索范围规定的善意原则主要体现在信息来源、技术手段、检索方法的善意与合理原则。信息来源的善意与合理原则内涵为，勤勉检索范围应当包括其他使用者能够合理获取的版权信息来源、确认与作者相联系的版权信息的方法；技术手段的善意与合理原则为，勤勉检索范围应当包括能够合理获得的技

---

① 美国第一次侵权法重述规定："疏忽是指任何行为，除非鲁莽地毫不顾及（recklessly disregardful）他人的任何利益，上述利益落入法律所确立的标准之内，即保护他人免受不合理侵害之风险（unreasonable risk of harm）"。第二次侵权法重述作出了几乎相同的规定："疏忽是指落入法律所确立的、保护他人免受不合理侵害的风险标准之内的行为"。第三次侵权法重述在关于疏忽标准界定的措辞上有所修改，但仍然将理性人标准的重点置于成本－收益或者风险－效用术语分析，该规定为"行为人的行为构成疏忽行为，若行为人在所有情形下未履行合理的注意（reasonable care），确定行为人的行为是否缺失合理的注意，关键在于是否存在可以预见的可能性，行为人的行为将导致损害的结果，可以预见的可能继续发生的任何损害的严重性，以及降低或者减少损害风险的预防措施之承担"。

术手段以及能够合理获得专家援助的来源；包括对合理且不难获取专家援助和技术的利用，在合理的情况下，专家援助与技术可涉及一些收取管理或者订阅费用的资源。检索方法的善意与合理原则内涵为，应当证明采用合理而勤勉检索的最优方法。如前文所述，鉴于"reasonable"和"diligent"术语具有的深远的英美法渊源，有必要整理涉及上述概念的法理学说和司法实践，有助于准确理解孤儿作品合理勤勉检索这一概念提出的文化、历史与法律背景。

(一) 理性原则

根据布莱克法律词典的定义，理性人是拟制的法律标准，确定某人是否有疏忽行为（acted with negligence），特别是理性人依社会对其成员所要求的保护其自己及他人利益的标准，具有知识和智能，为注意和判断行为。

理性人这一概念可追溯至古希腊亚里士多德的学说。亚里士多德将法治描述为"中立和客观的裁决"（neutral and impersonal… arbiter），"在客观方面，法治原则要求客观和非腐化（incorruptible），在裁断理性人方面的权力应当中立"。由此可见，亚里士多德的理性人观念采用客观主义观点。

欧洲中世纪时期，圣·奥古斯丁认为，人类理性提供了一般的标准，衡量每个人的行为。理性人的源头可以认为是圣·奥古斯丁认为人类理性不仅源自神意（divine providence），而且源自人类社会中的习惯（customs）。圣·奥古斯丁之后，托马斯·阿奎那融合亚里士多德的法治思想和圣·奥古斯丁的神学法律思想，主张法的分类为永恒法、神法、自然法和认定法，永恒法是上帝的理性，体现着最高的圆满和最终的争议，超越人的本性；人具有理性，能在一定程度上理解神的智慧，理解永恒法所表现在自然界中的自然法则，并运用自然法则。

17世纪、18世纪普通法院的兴起、教会与国家的分离、工业革命的开始、现代市场的逐渐形成、人权与民主观念的风起云涌，为理性人标准提供了新的背景。劳动分工的专业化程度高，每个人必须在与他人的关系中获得合理期待的保障。古典自然法学家汲取古希腊和中世纪法学思想中的理性主义因素,认为法并非根植于自然或神,而是根植于人的理性意识,自然法即理性的法;个人成为政治、经济和法律领域的核心,行为标准不再由上帝和国王决定,而是由一般的、理性的人决定。①

德国古典哲学集大成者康德提出的人本主义思想体系,标志着理性人由以外部客观性为中心转向以内部主观性为中心。康德认为,纯粹客观的理性人标准是作为整体的人类的侵蚀(diminishment)。康德将内心经验作为其解决方案的基础,由现实现象(manifestations of reality)抽象出的理性人标准仍是对于该现实的缩影,通过主观主义对理性人标准的调整,现实与其表象之间的鸿沟明显地和可行地被缩减②。康德的理性人标准的形象化,为如同理性人的无私观察者(impartial spectator)或者为公平的法官,其目的在于创造现实与其表象之间的和谐关系。

20世纪,心理学家霍姆斯③认为,理性人标准是基于社群标准的价值的客观评价。霍姆斯采用社群导向进路(community-dictated approach),法官和理性人的角色在于客观地决定社群价值与适用标准。社群导向的进路将法官置于客观中立的地位。理性人可被视为解释社群的产物。理性人并非由一位法官创设,而是该社群所有的法官创设。

司法实践中,理性人标准在涉及宪法、行政法、刑法、合同法、侵权法领域中都有适用,鉴于本文的研究对象,将讨论重点置于侵权法领域。在因疏忽致侵权的案件中,构成要件四要素分别为,义务、对于义务的违反、因果关系和损害。理性人标准作为确定疏忽标准由来已久。一般而言,理性人标准肇始于1837年Vaughan v. Menlove案。

美国侵权法上的疏忽责任理论(Negligence liability)为侵权法重述所明确和澄清。美国第一次和第二次侵权法重述焦点在于通过"理性人"术

---

① John Locke. An Essay Concerning Human Understanding, 1690.
② David Granfield. The Inner Experience of Law: A Jurisprudence of Subjectivity [M]. Washington, D. C.: Catholic University of America Press, 1988: 21.
③ 注:心理学家和文学家Oliver Wendell Holmes, Sr. (1809—1894),大法官Oliver Wendell Holmes, Jr. (1841—1935)。两位Oliver Wendell Holmes分别从理论和实践两个层面阐释了理性人标准。下文将提到大法官Oliver Wendell Holmes, Jr. 在司法实践层面对于理性人标准的推理。

语定义疏忽责任的概念。第一次侵权法重述规定"疏忽是指任何行为，除非鲁莽地毫不顾及（recklessly disregardful）他人的任何利益，上述利益落入法律所确立的标准之内，即保护他人免受不合理侵害之风险（unreasonable risk of harm）"。[1] 第二次侵权法重述作出了几乎相同的规定"疏忽是指落入法律所确立的、保护他人免受不合理侵害的风险标准之内的行为"。[2] 第三次侵权法重述在关于疏忽标准界定的措辞上有所修改，但仍然将理性人标准的重点置于成本-收益或者风险-效用术语分析，该规定为"行为人的行为构成疏忽行为，若行为人在所有情形下未履行合理的注意（reasonable care），确定行为人的行为是否缺失合理的注意，关键在于是否存在可以预见的可能性，行为人的行为将导致损害结果，可以预见的可能继续发生的任何损害的严重性，以及降低或者减少损害风险的预防措施之承担"。[3]

（二）善意原则

根据布莱克法律词典的定义，商业合理（commercially reasonable）是指（对财产的销售）行为基于善意（good faith），且与通常接受的商业实践一致。例如，根据美国统一商法典（Uniform Commercial Code，UCC）第9节610（b）款，质押权人出售质押物应当依据符合商业合理性的方式进行，否则债务人债务不足部分将被减少。

（三）勤勉原则

根据布莱克法律词典的定义，勤勉（diligent）的概念为，小心地

---

[1] Restatement (First) of Torts § 282 (1934). "[i] On the Restatement of this Subject, negligence is any conduct, except conduct recklessly disregardful of an interest of others, which falls below the standardestablished by law for the protection of others against unreasonable risk of harm."

[2] Restatement (Second) of Torts § 282 (1965). "[i] On the Restatement of this Subject, negligence is conduct which falls below the standard established by law for the protection of others against unreasonable risk of harm. It does not include conduct recklessly disregardful of an interest of others."

[3] Restatement (Third) of Torts: Liability for Physical and Emotional Harm § 3 (2010). "A person acts negligently if the person does not exercise reasonable care under all the circumstances. Primary factors to consider in ascertaining whether the person's conduct lacks reasonable care are the foreseeable likelihood that the person's conduct will result in harm, the foreseeable severity of any harm that may ensue, and the burden of precautions to eliminate or reduce the risk of harm."

（careful）、注意地（attentive）、坚持地（persistent）做某事；勤勉查询（diligent inquiry）的概念为，小心地（careful）和善意地调查，确定某事的真实性。合理勤勉（reasonably diligent search）是一个在美国《国内税收法典》(Internal Revenue Code)、《联邦证据法规则》(Federal Rules of Evidence Rule)、通知送达（Serving Notices）等领域适用的概念，上述语境之下的合理勤勉检索概念及其争议，对于准确界定孤儿作品的合理勤勉检索的原则和范围具有积极作用。

1. 美国《国内税收法典》

美国《国内税收法典》第 274 节规定了商业支出（business expenditures）的应酬费用（entertainment expense）减免。根据第 274 节第（a）(1) 款，除非纳税人证明该项目是直接与纳税人的商业和交易相关，不得获得应酬费用减免。Hughes v. Commissioner 案中，纳税人于 1963—1964 年任纽约 CBS 广播公司的电视节目经理。其职责在于鼓舞团队士气（keeping up the morale），为员工提供食品，经理负责购买饮料和三明治等食品。根据第 274 节第（d）款，纳税人希望减少纳税额。税收法庭认为，上述指出的纳税额不能被减免，因为纳税人未能提供合理证据，纳税人未能提供除部分吧台收据之外的单据。尽管根据第 162 节第（a）款，美国《国内税收法典》允许纳税人将其应酬费用从"纳税年度进行的所有贸易和商业活动中支付的或者发生的一般和必要费用"中减免，但是根据第 274 节第（d）款，"除非纳税人通过足够的记录（adequate records）或者充分的证据（sufficient evidence）确证（substantiate）纳税人的如下主张：(A) 上述应酬支出或者项目的金额、(B) 上述指出发生的时间和地点、(C) 上述支出的商业目的、(D) 上述支出与纳税人应酬的联系，则任何减免不得被允许"。第 274 节第（d）款的足够的记录（adequate records），包括会计账簿、日记、日志、费用表……或者类似记录……以及其他组合形式的书面证据，充分证明存在每种类型的支出。如果纳税人无法满足足够记录的要求，则纳税人应当证明每项支出符合以下条件：(1) 通过其书面或者口头主张，包含关于每项支出的特别和详细的信息；(2) 存在其他确实证据（corroborative evidence），充分证明存在上述每项支出。鉴于 Hughes

v. Commissioner 案中，纳税人未能提供任何书面或者其他证据证明支出的商业目的，也不能提供符合第 274 节第（d）款规定的口头证据，其主张的税收减免不得被允许。

Townsend Industries, Inc. v. United States 案中，纳税人主张其钓鱼旅行的税收减免，鉴于其雇员前往，属于与商业相关的支出事项。该案的争议焦点在于确定纳税人能够充分证明该旅行是合理的和必要的，并且符合第 274 节的税收减免。地区法院认为，纳税人提供的证据缺乏必要的特定性（lacked the necessary specificity）。但第八巡回上诉法院将案件发回重审。上诉法院认为，纳税人的证人证言（testimony）是充分的，但是同时指出对于口头的、非同时的证据（non-contemporaneous evidence）应当质疑。

在证据的详细性方面，国内税收法案对于由谁进行谨慎检索、谨慎检索的范围、在何处何时进行谨慎检索、谨慎检索的目的之规定，对于孤儿作品合理勤勉检索规则的制定具有参考价值。只有符合足够充分的标准的口头证言才可以被采纳。

Google 图书馆争议案和解协议中的图书馆登记中心涉及合理勤勉检索，但检索内容仅涉及登记，尚未达到合理勤勉的标准。Google 的检索应当延伸至通常情况下理性人检索之范围，为证明上述情形，Google 的检索应当是彻底的、广泛的和勤勉的。根据上文美国《国内税收法典》中的合理勤勉检索分析，Google 应当保留一份关于其检索的详细记录，包括以下方面：（1）记录其计划检索的主体；（2）在检索过程中发现或者未发现的内容；（3）发现或者未发现内容的检索地点；（4）其检索进行的实践，以及确立其检索策略的原因。上述关于检索计划的记录是确立勤勉检索的起点。仅有检索记录并非充分，记录的质量以及记录在案的信息，应当符合勤勉的要求。如果一份证言可作为依据，应当为内容广泛（extensive）和可证实的（corroborated）证言。对于广泛的信息来源和数据库进行检索是非常关键的。执行检索计划之后一无所获虽然是令人沮丧的结果，但是检索行为并不能结束，勤勉原则要求更多内容。Google 公司应当与出版社，其获得图书的图书馆、版权局、作品的其他作者进行联系。如果作者已经死亡，谨慎勤勉的内容应当包括作者的死亡时间，以及其权利的继承情况。

关于音乐作品的合理勤勉检索，位于美国纽约的 Harlem 国家爵士乐博物馆关于音乐作品的检索可资借鉴。目前，Harlem 国家爵士乐博物馆在进行唱片数字化活动，并认为关于唱片的著作权问题是复杂和不清晰的。博物馆拥有唱片的物权，但有时未必拥有唱片的著作权。即使博物馆知晓作品的作者，也无法确定此时此刻艺术家仍拥有唱片的著作权。鉴于艺术家可能已经将其权利转让，或者艺术家已经死亡，其权利由子嗣所继承。Harlem 国家爵士乐博物馆将首先查询著作权集体管理组织的数据库，例如，ASCAP 或者 BMI，并确定作品著作权的流转情况。

2.《联邦证据规则》

美国《联邦证据规则》（Federal Rules of Evidence Rule）第 803（10）款规定，为证明某项记录、报告、陈述或者数据集合的缺失，应有与本法第 902 条的规则一致的证明（certification），或者证言（testimony），即更勤勉检索（diligent search）无法开示上述记录、报告、陈述或者数据集合。上述规则被解释为，规则的实质性要求在于记录缺失的证据是"勤勉检索"的结果。United States v. Yakobov 案中，美国联邦酒精、烟草与枪支局（Federal Bureau of Alcohol, Tobacco and Firearms, ATF）有证据指示已经进行勤勉检索。法院经审理认为，ATF 的证据说明已经对"Jakubov, Simantov"进行检索，但是，并不能指示对"Yakobov"或者"Yakubov"进行检索。法庭指出，"几乎不要求进一步的讨论以证明偶然的和片面的检索（casual or partial search）不能得出不存在记录证据的结论"。因此，ATF 的证据不符合联邦证据规则第 803（10）款的规定。United States v. Yakobov 案中法官认为，勤勉检索未被完成。

United States v. Yakobov 案对于孤儿作品合理勤勉检索的启示在于，对于涉及潜在著作权人姓名拼写的问题，勤勉检索隐含着尝试不同的拼写变化。可推断在确定合理勤勉检索标准问题方面，如果单一形式的检索失败了，其他途径的检索方式应当被尝试，使用者应当对每一特定检索方式的检索努力作出记录。孤儿作品使用者保持的检索记录应当足够充分地具有指示勤勉检索已经完成的表面证据效力。对于过于简短或者不包括多元途

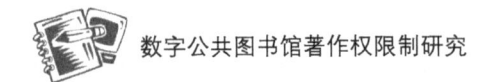

径检索的缺失表面证据效力的证据,应当被认为不存在勤勉搜索的充分证据。

3. 通知送达（Serving Notices）

送达程序（Serving Process）中,存在法院在通知送达（Serving Notices）语境下确定合理勤勉检索范围的问题。

不动产没收（Forfeiture of Real Estate）通知送达。Qualley v. State Federal Savings & Loan① 案中,被告向第三方销售不动产,David Rosenberger 之后将其权利转让给原告,在转让协议中,并无原告的地址。被告希望没收 David Rosenberger 的权利,并且给予受让人没收通知。被告认为其已经勤勉搜索,但法庭认为,"勤勉检索并非由搜索的数量而是由搜索的质量决定。在确定某一搜索是否为勤勉的情形,首先应当考察为寻找失踪人的努力,并且考察上述努力是否通过能被认为给予失踪地位的途径进行。当合理搜寻不要求使用所有可能的或者可感受的发现方法,合理搜寻必须延展至信息可能获得,或者在通常情形下能够获得所搜寻的人或者实体的信息。"

法院的上述表述对于孤儿作品有可适用的意义。孤儿作品的使用者在查询著作权人时,不能在表面上进行搜索。例如,简单地声明在单一的数据库中搜索,而非解释数据库的质量,或者不予解释为何不使用其他数据库,都不能被认为是完成勤勉检索。孤儿作品使用者必须诚实地努力,通过合理渠道寻找著作权人。

五、我国孤儿作品合理勤勉检索规则的构建

（一）孤儿作品合理勤勉检索的法律效力

孤儿作品数字化合理勤勉检索法律效力应包含三方面的内容：（1）鉴于国内学者对孤儿作品法定许可使用的共识,合理勤勉检索应具有法定许可使用构成要件的法律属性;（2）孤儿作品数字化合理勤勉检索应具有与

---

① Qualley v. State Federal Savings & Loan, 487 N. W. 2d 353.

美国《联邦证据规则》第 803（10）款规定的证明善意与勤勉的证据效力；（3）符合法定要件的孤儿作品合理勤勉检索，构成著作权侵权中的过失责任限制情形。

（二）孤儿作品合理勤勉检索的翔实性

孤儿作品合理勤勉检索应具有翔实性。根据欧美孤儿作品立法实践，对孤儿作品合理勤勉检索应当适用于所有受保护的作品；合理勤勉检索应为每个存在疑问的作品规定查询该类作品的合理来源。合理勤勉检索的来源应主要包括法定登记机关、作者权利协会、国际标准图书编号数据库在内的现存标准化数据、著作权集体管理组织的数据库。

借鉴美国税收法典规定，孤儿作品合理勤勉检索应当包含一份最终的检索报告，该报告应包括以下内容：记录孤儿作品合理勤勉检索的主体；记录在检索过程中发现或经检索未达到预期目标的内容；检索地点；检索策略及确立其检索策略的原因；检索的数据库和信息来源足够广泛和充分；在未达到预期目标时采取的策略；如果作者死亡，谨慎勤勉的内容应包括死亡时间，以及其权利的继承情况。

（三）孤儿作品合理勤勉检索的优选化

孤儿作品合理勤勉检索应在信息来源、技术手段、检索方法方面符合善意与合理原则，并采取最优方案。孤儿作品合理勤勉检索的消极优选规则主要包括：（1）孤儿作品的使用者在履行查询著作权人时，应当克服单一化，不包括多元途径的检索并非合理勤勉检索；（2）仅根据作品表面缺乏相关版权确认信息并非合理勤勉检索；（3）使用者通过发布通知公告的方式并非合理勤勉检索；（4）任何规则都不得限制信息来源，导致检索不全。孤儿作品合理勤勉检索的积极优选规则主要包括使用者确认和寻找与著作权人相关的版权局记录，包括权利人协会、集体管理组织、标准化组织在内的其他使用者能够合理获取的著作权人相关信息来源，能够合理获得的技术手段，能够合理获得的专家援助的来源。

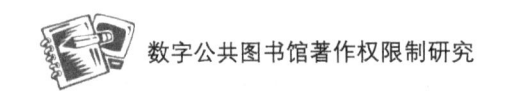

（四）孤儿作品合理勤勉检索的确真性

鉴于孤儿作品合理勤勉检索规则具有限制使用人侵权责任的法律效力，应当具有确真性。孤儿作品合理勤勉检索的确真性应当包括以下规则：孤儿作品使用者应当在使用作品之前进行合理勤勉检索；孤儿作品使用者必须亲自完成检索，不论最终该信息结果如何；孤儿作品使用者应当对于其选择的检索数据库进行解释，简单声明在单一数据库中检索，而非解释数据库的质量，并非合理勤勉检索。

（五）孤儿作品合理勤勉检索的差异性

孤儿作品合理勤勉检索制度构建应当充分考虑孤儿作品对象的广泛性，针对图书、期刊、报纸、摄影作品、其他艺术作品制定差异化的合理勤勉检索标准。同时，有必要借鉴西方在孤儿作品立法进程中广泛参考利益相关者意见的经验，构建利益相关者表达利益诉求的便捷有效的渠道，完善合理勤勉检索标准的制定。

（六）孤儿作品合理勤勉检索的效率性

尽管孤儿作品合理勤勉检索规则应当符合翔实性、优选化、确真性，但在大数据环境下作者难以找到情形之下的作品数字化，对于图书数字化进程影响显著，合理勤勉检索同样应当符合效率原则。在合理勤勉检索规则效率性方面，有必要借鉴《孤儿作品指令》第3条之规定，合理勤勉检索仅在作品第一次出版或者传播国家；成员国应当对其境内发生的勤勉检索于公众可及之数据库记录。

（七）孤儿作品合理勤勉检索的中介化

在欧美关于孤儿作品合理勤勉检索内容的规定中，相关集体管理组织特别是作者、表演者、音频制作者、音像制作者、电影制作者协会、出版者协会、记者协会等著作权集体管理组织和中介组织是重要的检索来源。孤儿作品合理勤勉检索制度构建应充分发挥权利人协会、著作权管理组织等中介组织的作用,强调对权利人协会和著作权集体管理组织等著作权中介数据库的利用,一方面为中介组织的发展提供机遇,另一方面促进中介组织在透明度、内部治理等方面的完善。

(八) 孤儿作品合理勤勉原则的协同性

欧盟《孤儿作品指令》附件规定显示,在孤儿作品合理勤勉检索方面,标准化组织数据库将发挥重要作用。伴随着 Web3.0 时代云计算下"基础设施即服务""交易平台即服务"和"软件即服务"三层技术结构的发展,传播媒介、载体媒介、终端媒介趋于协同态势,网络交易平台如火如荼地发展,基于个别许可的数字版权管理已无法解决数字交易平台对于网络著作权确权、许可、清算的便利性和快捷性要求。[①] 鉴于新技术的发展对著作权交易市场产生重要影响,欧盟出版者理事会主导名为"Linked Content Coalition"的著作权交易标准化进程,集合全球创意领域版权产业,协调标准化组织,促进著作权管理标准共融。[②] 在合理勤勉检索规则标准化方面,根据孤儿作品合理勤勉检索应当顺应图书、期刊、报纸、摄影作品、其他艺术作品的标准化趋势,参考相关国际标准完善国内标准,加强国内行业标准与国际标准的协同性,积极参与国际标准的制定,推动国内行业标准向国际标准转化。

六、孤儿作品数字化合理勤勉检索的范围

(一) 孤儿作品数字化合理勤勉检索的时限

前文所述欧盟 2008 年著作权高级小组关于《数字化保护、孤儿作品和绝版作品最终报告》第二原则除指出善意与合理原则之外,还指出,善意与合理的检索,识别、定位作者并与作者联系,应当在使用作品之前。

---

① 赵力.著作权管理标准化趋势之应对——以 LCC 计划为中心 [J].科技与法律,2012 (6):25-29.

② European Publishers Council. Specifying a Standards Infrastructure for Rights Management and Licensing for Creators [R].2012:15.

美国《2008年孤儿作品法案》规定：（1）在与该检索相关的事实情况下，侵权者在进行该检索时所采取的行动是否合理与适宜，包括其是否基于检索本身所已经发现的事实采取了行动；（2）侵权者是在使用作品之前进行的检索作品，并且检索是在与侵权的开始时合理接近的时间内进行的。

（二）孤儿作品数字化合理勤勉检索的机构

1. 国际化与标准化机构

欧盟《孤儿作品指令》附件在确定孤儿作品的合理勤勉检索方面，体现了国际化与标准化的特征。例如，图书类型的孤儿作品，其合理勤勉检索来源包括国际标准图书编号（International Standard Book Number，ISBN）等数据库和登记中心；期刊和杂志类型的孤儿作品，其合理勤勉检索来源国际标准期刊编号（International Standard Serial Number）等数据库和登记中心；艺术品、摄影作品、阐释作品、设计作品、建筑作品和其他包括在图书、期刊、报纸和杂志中的视觉作品形式的孤儿作品，合理勤勉检索来源包括音像作品ISAN数据库在内的相关标准化和识别化组织数据库。

2. 中介化机构

欧盟《孤儿作品指令》附件在确定孤儿作品的合理勤勉检索方面，除规定法定登记机关为合理勤勉检索来源之外，还强调对于权利人协会和著作权集体管理组织等著作权中介数据库的利用。例如，图书类型的孤儿作品，合理勤勉检索来源包含著作权权利者协会、著作权集体管理组织；期刊和杂志类型的孤儿作品，合理勤勉检索来源包含出版者协会、作者协会和记者协会、著作权集体管理组织；艺术品、摄影作品、阐释作品、设计作品、建筑作品和其他包括在图书、期刊、报纸和杂志中的视觉作品类型的孤儿作品，包括著作权管理组织；电影文化机构或者公共广播组织收藏的音像作品类型的孤儿作品，合理勤勉检索来源包含作者、表演者、音频制作者和音像制作者协会以及相关集体管理组织。

（三）孤儿作品数字化合理勤勉检索的对象

孤儿作品数字化合理勤勉检索应根据其检索对象的不同而实行差别化原则。尽管美国《2006年孤儿作品法案》《2008年孤儿作品法案》议案中并未明确规定对于不同类型作品的不同合理勤勉检索方案，美国版权局2006年报告建议中提到关于依据使用者类型和作品类型决定谨慎勤勉标准方案。①

欧盟著作权高级小组2007年利益相关者会议在关于合理勤勉检索指南问题决议中指出，应当根据由权利人强调的创意领域的不同，单独确定合理勤勉检索。欧盟2008年著作权高级小组关于《数字化保护、孤儿作品和绝版作品最终报告》提出孤儿作品保护五原则，其中第三、第四原则涉及对于不同类型的作品应当制定不同类型的合理勤勉检索方案。第三原则为，应当保障对于每个孤儿作品的个体情形合理的解决方案，考虑作品种类的多样性。第四原则为，有必要由各个领域的利益相关者起草对于不同作品的指南或者最佳实践。

《孤儿作品指令》附件对于图书、期刊和杂志，艺术品、摄影作品、阐释作品、设计作品、建筑作品，其他包括在图书、期刊、报纸和杂志中的视觉作品，以及电影文化机构或者公共广播组织收藏的音像作品规定了不同的合理勤勉检索方案。有学者对于欧盟《孤儿作品指令》作品合理勤勉检索的来源规定提出批评，认为该规定过于粗疏。根据欧盟《孤儿作品指令》第9条之规定，欧盟成员方应当在2014年10月29日之前，制定和实施与该指令相一致的、必要的法律、法规和行政规章。成员方应当毫不迟疑地将上述法律、法规、行政规章通知欧盟委员会。② 根据欧盟《孤儿作品指令》第10条之规定，欧盟委员会应当在2015年10月29日之前，每年提交报告，内容涉及实施指令范围内可能包括的出版者及作品，或者

---

① U. S. Copyright Office. Report on Orphan Work [R]. 2016.
② Article 9, Directive 2012/28/EU. "Member States shall bring into force the laws, regulations and administrative provisions necessary to comply with this Directive by 29 October 2014. They shall forthwith communicate to the Commission the text of those provisions".

目前尚未包括在指令范围内的其他受保护客体，特别是照片以及其他图像。① 在必要情形之下，特别是保障欧盟内部市场功能情形下，欧盟委员会应当提交关于修改本指令的建议。② 欧盟《孤儿作品指令》在成员方实施过程中的孤儿作品合理勤勉检索的相关立法及指令本身可能存在的修改，可能为我国立法提供有价值的参考资源。

（四）孤儿作品数字化合理勤勉检索的内容

1. 美国孤儿作品的合理勤勉检索的内容

根据美国出版者协会（Association of American Publishers，AAP）国际版权保护联合会（International Coalition for Copyright Protection，ICCP）的建议，孤儿作品合理勤勉检索的范围应当包括以下方面：（1）国家版权局记录；（2）互联网检索引擎；（3）在线电话和地址指南；（4）交易协会或者专业团体的数据库；（5）著作权集体管理组织的数据库。另外，美国版权局2006年报告建议中提到关于依据使用者类型和作品类型决定谨慎勤勉标准方案③。

美国《2006年孤儿作品法案》议案对勤勉检索的定义为：（1）在为了获得使用作品的授权而去寻找版权所有人的情形下，包含适当而合理的步骤；仅仅根据在作品的范本或者唱片上缺乏与版权有关的确认信息并非合理；（2）至少包括版权局长根据以下最优方法对信息所进行的审查：1）与确认和寻找版权所有人相关的版权局记录；2）其他使用者能够合理获取的版权所有权信息来源；3）确认与作品联系在一起的版权所有权信息的方法；4）能够合理获得的技术手段以及能够合理获得专家援助的来

---

① Article 10, Directive 2012/28/EU, "The Commission shall keep under constant review the development of rights information sources and shall by 29 October 2015, and at annual intervals thereafter, submit a report concerning the possible inclusion in the scope of application of this Directive of publishers and of works or other protected subject – matter not currently included in its scope, and in particular stand – alone photographs and other images".

② Article 10, Directive 2012/28/EU, "By 29 October 2015, the Commission shall submit to the European Parliament, the Council and the European Economic and Social Committee a report on the application of this Directive."

③ U. S. Copyright Office. Report on Orphan Works [R]. 2006.

源；5）证明合理而勤勉的检索的最优方法；（3）包括对合理且不难获取专家援助和技术的利用，在合理的情况下，专家援助与技术可能涉及一些收取管理或者订阅费用的资源。

美国《2008年孤儿作品法案》议案在《2006年孤儿作品法案》议案基础之上作出以下补充：（1）在与该检索相关的事实情况下，侵权者在进行该检索时所采取的行动是否合理，包括其是否基于检索本身所发现的事实采取了行动；（2）侵权者是在使用作品之前进行的检索作品，并且检索是在与侵权的开始时合理接近的时间内进行的。

2. 欧盟孤儿作品的合理勤勉检索的内容

欧盟著作权高级小组2007年利益相关者会议在关于合理勤勉检索指南问题方面形成以下决议：（1）应当涵盖所有的孤儿作品利益代表者；（2）应当由文化机构代表举出具体案例；（3）应当根据由权利人强调的创意领域的不同，单独确定合理勤勉检索；（4）应当承认法律确定性对于文化机构的重要性。

欧盟2008年著作权高级小组关于《数字化保护、孤儿作品和绝版作品最终报告》指出关于孤儿作品保护五个方面的原则，第一，对于孤儿作品的解决方案应当适用于所有受保护的作品；第二，对于孤儿作品的使用应当通过善意的检索，在使用作品之前，识别、定位作者并与作者联系；第三，应当保障对于每个孤儿作品的个体情形合理的解决方案，考虑作品种类的多样性；第四，有必要由各个领域的利益相关者起草对于不同作品的指南或者最佳实践；第五，鉴于发展的信息资源和检索技术，任何规制计划都不得限制基本的检索不周或者信息来源。

欧盟《孤儿作品指令》第3条和附件对于作品勤勉检索作出详细规定。根据《孤儿作品指令》第3条，勤勉检索应当符合以下规则：（1）勤勉检索应当为每个存在疑问的单独作品查询该类作品的合理来源；（2）每类作品合理来源之规定应当由成员国与权利人、使用者以及附件所列之来源机构进行协商确定；（3）勤勉检索仅在作品第一次出版或者传播国家；（4）成员国应当对其境内发生的勤勉检索于公众可及之数据库记录。

根据欧盟《孤儿作品指令》附件的规定，作品合理勤勉检索的来源根据作品的类型有差异。对于出版作品，其合理勤勉检索来源包括以下方面：（1）法定登记机关；（2）包括孤儿作品与权利信息可及性登记机关（Accessible Registries of Rights Information and Orphan Works，ARROW）、著作权权利者协会（Writers，Artists and their Copyright Holders，WATCH）以及国际标准图书编号（International Standard Book Number，ISBN）等在内的现存数据库和登记中心；（3）相关著作权管理组织的数据库，特别是复制权管理组织。对于期刊和杂志，其合理勤勉检索来源包括以下方面：（1）国际标准期刊编号（International Standard Serial Number）；（2）图书馆藏书索引和目录。对于报纸和杂志，其合理勤勉检索来源包括以下三个方面：（1）相关国家的出版者协会、作者协会和记者协会；（2）法定登记机关；（3）包括复制权集体管理组织在内的相关著作权集体管理组织数据库。对于艺术品、摄影作品、阐释作品、设计作品、建筑作品和其他包括在图书、期刊、报纸和杂志中的视觉作品，其合理勤勉检索来源包括以下方面：（1）对于出版作品、期刊、报纸和杂志所规定的合理勤勉检索来源；（2）相关著作权管理组织特别是对于视觉艺术的著作权管理组织，包括复制权集体管理组织在内的数据库；（3）对于适用图片机构的数据库。对于电影文化机构或者公共广播组织收藏的音像作品而言，其合理勤勉检索来源包括以下方面：（1）法定登记中心；（2）电影文化机构和国家图书馆数据库；（3）相关标准化和识别化组织，例如音像作品ISAN数据库；（4）相关集体管理组织特别是作者、表演者、音频制作者和音像制作者数据库。

七、孤儿作品数字化合理勤勉检索后的补偿金支付

（一）Google图书权利中心的补偿金支付模式

1. Google图书和解协议与图书权利中心

2008年10月，Google公司与著作权协会和出版者协会以及出版商达

成和解协议。和解协议允许 Google 公司为建设数字图书检索引擎,复制绝版图书,无须获得著作权人和出版者的同意。① Google 公司为和解协议支付1.25 亿美元,为其图书权利中心(Book Rights Registry)建设提供 3450 万美元。② 图书权利中心运作中,Google 公司作为使用者和著作权人之间的中介,确保使用者向权利人支付使用报酬。图书权利中心将为孤儿作品积极检索和确定其作者信息。③ Google 公司为其可能存在的侵权行为准备1.25 亿美元赔偿金。④ 和解协议被视为著作权人和 Google 公司共同分享图书数字化的实质经济利益。在和解协议之下,Google 公司的收益主要体现在以下方面:第一,向科研机构或者数字化图书数据库收取会员费用;第二,向数字图书在线浏览者收取不受限制浏览的费用;第三,基于在每页图书上发布广告,向广告者收取广告费用。⑤ Google 公司将向图书权利中心(Book Rights Registry)支付其自数字图书服务获取的 63% 的收益,图书权利中心(Book Rights Registry)负责向著作权人和出版者支付费用。⑥

和解协议之下,Google 公司享有将受到著作权保护且尚未绝版作品、受到著作权保护已经绝版作品,以及公有领域不受著作权保护作品三类作品数字化的权利。对于尚未绝版作品,和解协议遵循"选择进入"(opt-in)模式,仅当 Google 公司获得著作权人和出版者同意,方可展示作品和提供数字版本作品。⑦ 对于绝版作品,和解协议遵循"选择退出"(opt-out)模式,Google 公司有权将绝版作品纳入其数字图书扫描计划,而不必

---

① Proposed Settlement, Authors Guild v. Google Inc., No. 05 CV 8136 (S. D. N. Y. filed Oct. 28, 2008).
② Proposed Settlement, Authors Guild v. Google Inc., No. 05 CV 8136 (S. D. N. Y. filed Oct. 28, 2008).
③ Proposed Settlement, Authors Guild v. Google Inc., No. 05 CV 8136 (S. D. N. Y. filed Oct. 28, 2008).
④ Proposed Settlement, Authors Guild v. Google Inc., No. 05 CV 8136 (S. D. N. Y. filed Oct. 28, 2008).
⑤ Proposed Settlement, Authors Guild v. Google Inc., No. 05 CV 8136 (S. D. N. Y. filed Oct. 28, 2008).
⑥ Proposed Settlement, Authors Guild v. Google Inc., No. 05 CV 8136 (S. D. N. Y. filed Oct. 28, 2008).
⑦ Proposed Settlement, Authors Guild v. Google Inc., No. 05 CV 8136 (S. D. N. Y. filed Oct. 28, 2008).

经过著作权人的同意，但是，在著作权人提出反对时，必须禁止提供任何关于该作品数字化的信息。① 因此，对于孤儿作品，Google 公司能够提供关于作品的在线检索服务，以及展示片段文本服务，而且能够在检索结果中展示作品的全部内容，并向其会员销售该作品。②

2. Google 公司数字图书馆案和解协议的法院裁决

2011 年 3 月 22 日，美国纽约州法院对 Google 数字化图书馆和解协议作出裁决。首先，法官指出版权方代表应有权建立注册中心和委托中心，探索孤儿作品使用问题。但孤儿作品权利处理的最佳机构应当是国会而非法院。并且，孤儿作品问题不应当通过私人的、代表各自利益的协议来解决。其次，法官指出和解协议给各方的权利超过案件初始时的权利范围。初始案件涉及的是有关标注和检索工具的使用，而非完整的版权图书使用与销售。最后，各方代表利益有时与大部分权利相关者的利益相冲突。特别是，众多学术作者并不赞同诉讼代表们的盈利动机，上述盈利动机可能与版权未明的版权图书所有者利益产生冲突。③

（二）延伸集体管理补偿金支付模式

1. 延伸集体管理补偿金支付模式的提出

所谓著作权集体管理组织，其基本内涵是指接受权利人授权，控制作品的使用、与潜在的使用者谈判、以合适的价格和条件发放许可、收取使用费并将使用费分配给权利人的社会团体。著作权集体管理组织制度最早可追溯到 18 世纪后期的法国。目前，美、英、德、日等著作权保护比较发达的国家都成立了各种不同类别的著作权集体管理组织。我国于 2001 年《中华人民共和国著作权法》首次对著作权集体管理作出规定。

---

① Proposed Settlement, Authors Guild v. Google Inc., No. 05 CV 8136 (S. D. N. Y. filed Oct. 28, 2008).

② Proposed Settlement, Authors Guild v. Google Inc., No. 05 CV 8136 (S. D. N. Y. filed Oct. 28, 2008).

③ Kenneth Crews. Google Books: Copyright Settlement Rejected [EB/OL]. [2013 – 05 – 01]. http://copyright.columbia.edu/copyright/2011/03/22/google – books – copyright – settlement – rejected/.

第三章　数字公共图书馆法定许可使用

国外著作权保护历史悠久，公民版权观念较强，著作权集体管理组织覆盖的著作权人、出版商范围广泛。北欧国家实行著作权延伸管理制度，即著作权集体管理覆盖未明确表示不纳入著作权集体管理组织的著作权人。Daniel Gervais 从法哲学角度分析著作权集体管理组织困境问题。一是著作权制度自身困境。一方面，著作权制度的设计理念在于为有效促进创新与传播而赋予权利人一定期限的垄断性排他权利；另一方面，权利人排他性权利行使过程中可能造成对于创新与传播的阻碍。因此，如何通过合理的制度设计实现权利人权利许可与使用人获得授权的便利性与效率性成为走出著作权制度困境的途径之一。二是由于科技发展导致的著作权权利空间和形态的碎片化问题。复制技术、广播技术、网络技术等传播媒介的更新导致新型权利涌现，使得著作权因其不同的传播媒介而处于碎片化的状态。[①] 随着技术的发展，著作权呈现碎片化的趋势，著作权集体管理制度有其存在的正当性。通过集中作者权利，著作权集体管理组织有利于提高著作权人的谈判地位和能力，向使用者争取更多的回报；通过集中管理和许可，著作权集体管理组织有利于节约个别许可所需的高额费用。在作品数量众多，使用者难以计数的场合，集体管制度成为作者获得回报、使用者便捷接触作品的唯一有效途径。著作权集体管理制度为创作者提供必要的条件和激励，丰富社会文化产品，增加社会公众获得和接触文化产品的机会，有利于社会文化繁荣和科技进步。在著作权集体管理制度与权利人矛盾凸显的环境下，如何厘清著作权集体管理制度的法律关系，对各方利益进行平衡，对著作权集体管理制度进行调整和完善，具有十分重要的理论和实践意义。

2012 年 7 月英国政府关于著作权法现代化政策声明确认 Ian Hargreaves 报告中所关于数字时代著作权困境的假设。数字环境下的著作权制度需要给予创作者和创意产业充分激励，同时需要减少作品使用者不必要的限

---

① The Landscape of Collective Management Schemes [J]. Columbia Journal of Law & the Arts, 2011.
　Daniel Gervais. Collective Management of Copyright: Theory and Practice in the Digital Age, in Daniel Gervais, Collective management of copyright and related rights, Kluwer Law International, 2006: 1 – 35.

制。著作权许可存在程序烦琐、耗时多的情形，著作权组织存在透明度不足、运行缺乏有效规制的问题。2012年7月英国政府关于著作权法现代化政策声明提出借鉴北欧模式，建立自愿延伸集体许可制度（Extended Collective Licensing, ECL）。在数量庞大、价值较低、单独权利清算需要很高行政成本的交易中，延伸集体许可制度将发挥重要作用。2012年7月英国政府关于著作权法现代化政策提出著作权集体组织的行动准则规范问题，从著作权集体组织的设立、内部治理标准、透明度原则、争议解决等方面确保网络环境下著作权集体组织的公开透明、良治与高效率。[①]

建立延伸著作权集体许可的著作权集体组织（Collecting Society）应当符合三个条件：第一，申请延伸著作权集体许可的著作权集体组织应当证明其能够代表受影响之权利人利益；第二，申请延伸著作权集体许可的著作权集体组织应当证明其申请获得其会员支持；第三，申请延伸著作权集体许可的著作权集体组织应当证明其制备行动准则（a code of conduct），确保治理的最低标准、透明度原则和对于非成员权利人的保护；第四，权利人应当保留对于退出延伸著作权集体管理制度的选择权。

为获得权利人和使用者的信息，促进著作权集体管理的治理与透明度，欧盟数字化议程第一行动计划为简化著作权清算、著作权管理和跨境许可，建议关于著作权集体管理组织的框架指令促进著作权集体管理的治理、透明度和欧盟跨境著作权集体管理。著作权集体管理组织在应对网络环境下著作权挑战，降低使用人获得作品的成本，降低权利人维权成本，是其发挥作用的关键。因此，著作权集体管理组织的治理完善程度，是衡量其存在价值的关键因素之一。2012年7月形成欧盟议会和理事会关于著作权和邻接权集体组织，以及内部市场音乐作品在线使用方面跨境权利许可指令之建议（以下简称欧盟著作权集体组织建议），促进著作权集体管理的治理、透明度和欧盟跨境著作权集体管理。

著作权集体管理制度为舶来品，自制度设立初期即有学者探讨外来制

---

① UK. Government Policy Statement: Consultation on Modernising Copyright [EB/OL]. [2013-05-01]. http://www.ipo.gov.uk/response-2011-copyright.pdf.

度与我国国情的融合与匹配问题。欧盟和英国在著作权集体组织方面的规制制定经验能够为完善我国著作权集体管理组织提供可资借鉴的资源。

2. 延伸集体管理补偿金支付模式的价值

延伸集体管理的核心思想在于，著作权集体管理组织作为著作权人的代表，能够与预期的使用者进行关于使用费的协商，不仅包括属于延伸集体管理组织成员的权利人，还包括非成员的权利人。延伸集体管理组织不仅代表国内权利人的利益，同样可以代表国外权利人的利益。延伸集体管理组织的重要优势在于，使用者能够从延伸集体管理组织获得相关权利许可而不必逐一与权利人进行磋商。在延伸著作权集体管理组织向使用人授予权利许可之后，延伸集体管理组织有义务向使用者收取使用费，并在成员权利人或者非成员权利人之间分配该使用费。权利人享有推出延伸集体管理组织的权利。北欧国家延伸集体管理组织所管理的使用范畴包括版权作品的电视广播、电视节目有线传输、为教育或者商业目的影印已出版的印刷作品等。

（1）降低交易成本

延伸集体管理机制下，延伸集体管理组织代表大量权利人行使权利，不仅包括会员权利人的权利，同样包括非会员权利人的权利，延伸集体管理组织不仅被授权管理国内权利人的权利，同样有权管理国外权利人的权利。在特定情形下，权利人有权退出延伸集体管理组织。延伸集体管理组织虽然并非为解决孤儿作品而创立，但是延伸集体管理组织是解决孤儿作品问题的有效途径之一。通过将孤儿作品定义为延伸集体管理组织管理权利范围之内，则可解决孤儿作品的利用问题。

延伸集体管理组织机制可被视为通常意义上著作权集体管理制度在逻辑上的合理延伸。集体管理组织的合理性依据在于降低著作权许可与执法成本，当在完全竞争的环境下管理上述权利成本极高或者非常低效。即 Richard Posner 所述的良性卡特尔（benign cartels）。

事实上，存在关于延伸集体管理是不是解决孤儿作品问题合理途径的疑问。如果认为对于作者已知作品的逐个进行权利管理成本极高并且效率较低，延伸集体管理存在有降低交易成本的价值，则鉴于孤儿作品逐个权利管理成本较之于作者已知作品的权利管理成本更高，孤儿作品应当列入延伸集体管理组织的权利范畴。然而，当另一行业并非存在极高的权利管理成本，市场能够提供合理解决办法的情形下，通过延伸集体管理方式解决问题并非未合理途径。

（2）增加交易确定性

延伸著作权集体管理组织是一个实用的解决方案，能够使得使用者通过支付使用费的方式，降低承担侵权责任的风险。延伸著作权集体管理组织起到保险机制的作用，以收取使用费为交换，延伸著作权集体管理组织使得使用者免于潜在的侵权风险，保证交易安全。

3. 合理勤勉检索后的补偿金支付模式的评价

考虑 Google 图书案和解协议，实质上创造了一个特殊的延伸集体管理组织。和解协议具有两方面的重要功能，一是创设图书权利中心，能够成为有效的新的著作权管理组织，对于作者已知和能够确定的情形。二是和解协议提供了针对孤儿作品的解决方案。对于作者已知和能够确定的情形，图书权利中心提供了对于并不存在的问题的有争议的解决方案。

Google 和解协议创设的图书权利中心（Book Rights Registry）与延伸集体管理组织在以下五个方面存在差异性。第一，延伸集体管理组织的设立由法律明确授权，延伸集体管理组织的组织结构、运行、内部治理受到法律规定的明确规范。Google 图书权利中心是和解协议的产物，其公平合理性受到司法机关的审查。第二，Google 图书权利中心设立不久，不具备足够数量的权利人会员，Google 图书权利中心能够获得绝大多数权利人认同尚存疑问。因此，延伸集体管理组组织代表非会员权利人的功能 Google 图书权利中心难以行使。Google 图书权利中心将很难满足学术作者自愿公开其绝版学术作品，促进学术繁荣的意愿。第三，Google 图书权利中心并无权限与潜在的使用者进行协商或者授予潜在使用者延伸许可。实际上，Google 图书权利中心甚至不具备向 Google 公司授予延伸许可的权利，Google 图书权利中心仅具备类似自愿集体管理组织的管理功能。第四，Google 图书权利中心获得的应当归属于非注册权利人的使用费通常会以一定周期如十年为限，支付给慈善机构，而非延伸集体管理组织通常所为的作为奖励、文化相关事业的基金。第五，与延伸集体管理组织具有法定程序解决其与权利人、使用者的纠纷不同，Google 图书权利中心需要通过和解协议方式设立强制仲裁机制。

对于作者已知和能够确定的情形，图书权利中心实际上创设了对于数字图书设定价格和交易条件的权力。可感知的市场失灵能够在某些特定的情境下说明著作权集体管理组织的可行性，并不适用于 Google 图书或者相应的图书数字化计划。并不存在极高成本，阻碍单个著作权所有人和 Google 之间进行交易，通过其作品的商业化条件。事实上，即使是单个的著作权所有人能寻找并与 Google 进行谈判，鉴于 Google 未经许可而使用作品，作者可以通过检索引擎方便地获得其作品被利用的信息，能够向 Google 发出警告甚至被自动识别。因此，并不存在需要著作权集体管理的市场失灵存在，特别是在版图书甚至是作者已知或者能够确定的绝版图书。对于孤儿作品而言，情形是不同的。Google 和解协议提供了解决存在市场失灵问题的方案。和解协议允许 Google 在作者出现之前出售孤儿作品。同时，Google 将转移 63% 的销售收入，并非支付给权利人，而是支付给图书权利中心，图书权利中心将负责寻找权利人。如果权利人无法被找到，孤儿作品销售收入将归属于慈善机构。和解协议关于孤儿作品的解决方案主要在于有效地给予 Google 公司在孤儿作品商业化使用方面的垄断权利。如果替代垄断即一个销售者的方案是没有销售者，那么垄断可能是一个合理的选择。延伸集体管理组织通过允许使用者不必通过权利人获得许可的方式解决孤儿作品权利人无法识别的问题，解决了需求方面的问题。然而，由延伸著作权集体管理组织给予许可并寻找权利人、管理许可费用并没有真正解决供给方面的问题。实质上，仅仅是将供给问题由使用者过渡至延伸集体管理组织，但是过渡行为本身并不能解决问题。只有立法者决定无须从无法确定的权利人处获得许可，直接向延伸著作权集体管理组织获得许可，并支付使用费，供给方面的问题才能得到彻底解决。综上所述，延伸集体管理模式的合理勤勉检索后补偿金支付模式更具可实施性。

第四章

数字公共图书馆著作权限制与许可协议、技术措施

第一节 数字公共图书馆著作权限制与许可协议

一、公共图书馆视角下许可协议与著作权限制之冲突

(一) 公共图书馆视角下许可协议对著作权限制之挤压

著作权限制制度的逻辑在于，通过限制权利人排他权利，实现版权人利益与公共利益的平衡。广义的著作权限制制度包括保护客体范围限制、思想表达二分法、著作权保护的独创性条件、著作权保护期限限制，著作权权利穷竭等；狭义的著作权限制制度为规定于《伯尔尼公约》第9条第2款、《TRIPS协议》第13条、WCT第10条、WPPT第16条的"三步检测制度"，即版权的限制应当"限于某些特殊情形""不与作品的正常利用相冲突""不致不合理地损害作者的正当利益"。[①]

---

① 朱理. 著作权的边界——信息社会著作权的限制与例外研究 [M]. 北京：北京大学出版社，2011：15.

第四章 数字公共图书馆著作权限制与许可协议、技术措施

数字时代,公共图书馆电子借阅、馆际互借等新型服务的开展,越来越多地依赖于与出版商之间签订的著作权许可协议。如前文所述,著作权许可协议的形式表现为格式合同、拆封许可协议、点击许可协议三种形式。著作权许可协议对于著作权限制的挤压主要体现于规避合理使用制度、规避法定许可使用制度、限制图书馆采用包括反向工程在内的技术规避措施等方面。

(二) 公共图书馆视角下著作权限制制度失衡之弊

1. 有碍基本人权的实现

信息自由获取和受教育权是基本人权。以公共图书馆为中心的公共借阅能够促进信息自由获取和保障公民受教育权。数字时代,越来越多的出版物以数字和数据库的形式呈现。馆际互借、文献传递等不适用数字资源,出版商通过许可协议、技术措施限制图书馆数字资源和数据库的利用,数字公共借阅受到一定程度的制约。数字环境下,传统的合同自由原则,已经无法解决版权人与信息自由获取和受教育权基本人权的潜在冲突。

2. 有碍公平正义的实现

版权制度通过对权利义务进行分配,实现对于信息资源以及社会利益进行权威、公正的分配。著作权限制制度通过协调信息独占和信息资源共享的冲突,实现了个人利益与公共利益的平衡。公共图书馆是版权制度的"均衡器",具有协调版权人利益和社会公共利益的功能。公共图书馆秉承开放理念,承载着缩小信息鸿沟、促进信息正义的社会功能。数字复制与传播技术、三网融合技术、云计算技术、数据挖掘技术等拓展了公共图书馆的功能。然而,受制于许可协议和技术措施,目前数字公共图书馆私人使用、馆际互借、电子借阅、开放获取、数据挖掘等受到不同程度的制约,信息正义的实现与技术发展不相适应。

3. 有碍民主的实现

诚如《公共图书馆宣言》中指出的,"自由、繁荣以及社会与个人的发展是人类根本价值的体现"。人类根本价值的实现取决于智者在社会中

行使民主权利和发挥积极作用能力的提高。人们对于民主发展的建设性参与，取决于人们所受良好教育和存取知识、思想、文化、信息的自由和开放程度。公共图书馆是传播教育、文化、信息的一支有生力量，是促进人们寻找和平精神幸福的基本资源。促使自由的实现，文学、艺术、科学技术的繁荣，社会和个人发展，是公共图书馆价值所在，著作权限制制度与公共图书馆制度保护法益虽有不同，但两种制度的民主价值目标却是基本一致的。著作权许可协议对于版权限制制度的规避，实际上对民主的实现构成了一定的威胁。

4. 不利于后续创新

信息产品具有非竞争性与非排他性，需要著作权制度通过赋予版权人一定期限的垄断性权利，以避免"公地悲剧"现象的发生。但是，鉴于知识创造具有的延续性与传承性，通过著作权限制制度，保留必要的公有领域，有利于促进文学艺术和科学领域的持续创新能力和社会生产力。在出版商通过著作权许可协议规避版权限制制度情形下，公有领域的范围受到很大程度的挤压。

二、公共图书馆视角下许可协议与著作权限制之发展

（一）英国版权限制制度发展的背景

过去的十年中，人们对英国版权法有诸多反思。英国 2014 年 10 月 1 日生效的《版权、设计、专利法案》对于版权限制制度的修改最初由 Andrew Gowers 于 2006 年 12 月在《Gowers 知识产权评论》（*Gowers Review of Intellectual Property*）中提出。《Gowers 知识产权评论》建议建立受到限制的私人复制例外，版权限制制度允许讽刺作品、滑稽模仿作品。[①]

尽管《Gowers 知识产权评论》并未涉及版权限制制度与合同的关系问题，但该评论建议建立独立的知识产权战略政策机构，即知识产权战略建议委员会（The Strategic Advisory Board for Intellectual Property，SABIP），向

---

① A Gowers, Gowers Review of Intellectual Property [R]. 2006.

政府提供对策。2008年6月，知识产权战略建议委员会成立。知识产权战略建议委员会不久即将版权与合同的关系问题作为英国的一个具有战略重要性的问题。知识产权战略建议委员会就版权与合同的关系问题展开研究，Martin Kretchmer、Estelle Derclaye、Richard Watt 三位教授执笔的名为《版权与合同法关系》（*The Relationship between Copyright and Contract Law*）的报告于2010年发表，该报告得出结论，限制合同的执行力以保护版权使用者，无法在版权法律框架外有效实现。①

2011年5月由 Ian Hargreaves 教授负责的报告《数字机遇：知识产权与发展评论》（*Digital Opportunity：A review of Intellectual Property and Growth*，以下简称 Hargreaves 报告）中，提出一些版权法变革的重要建议，包括建立数字版权交易机制，允许孤儿作品许可，对于形式转化使用、滑稽模仿、非商业性科研和图书馆建立新的版权例外。Hargreaves 报告提出，《版权、设计、专利法案》中规定的版权限制制度不应当因为合同而失去作用。② 2011年8月英国政府发布正式回应，指出广泛接受 Hargreaves 报告的建议，并实施新的例外。之后，公众、利益相关者对于版权限制修改建议的公共咨询，在2011年12月和2012年3月先后开展。2012年12月，英国政府公布其对于公共咨询的反馈意见，即名为《版权现代化》（*Modernising Copyright*）的报告。在该报告中，政府表明将通过立法建立允许版权使用行为的新机制。③最终，英国2014年10月1日生效的《版权、设计、专利法案》包括新的版权限制制度。

（二）英国版权限制制度的新发展

英国政府对于 Hargreaves 报告的正式回应中指出，政府将确保版权限制所移除的不必要限制，不包括合同条款在内的其他途径重新实施而损害

---

① Kretschmer M., Derclaye E., Favale M., et. al. The Relationship between Copyright and Contract Law [J]. Social Science Electronic Publishing, 2010.
② Ian Hargreaves. Digital Opportunity: A Review of Intellectual Property and Growth [EB/OL]. [2016-10-16]. http://www.ipo.gov.uk/ipreview-finalreport.pdf.
③ Intellectual Property Office. Modernising Copyright: A Modern, Robust and Flexible Framework: Government Response to Copyright Exceptions, and Clarifying Copyright Law [R]. 2012: 21.

版权限制制度的利益。① 在之后的公共咨询中，许多权利人强调了合同自由原则的重要性。② 政府在回应中指出，合同自由原则的优势在于，较之于法律规定的限制行为而言，许可协议清晰明确。合同自由原则的劣势在于，许可协议可能损害具有社会和经济重要性的受版权法保护的作品的使用。政府试图在满足优势的同时，减少其劣势。③在政府对于咨询的回应中，指出其目标并非将合同置于高于允许的限制行为，而是保障许可并不限制对于作为整体的社会有利的行为。

《版权、设计、专利法案》包括新的版权限制和修改的版权限制。其中，新的版权限制包括对于引用限制、滑稽模仿限制、文本与数据挖掘限制。修改的版权限制包括科研和私人学习版权限制，视障者版权限制，公共行政版权限制和教育机构、图书馆版权限制。在引用限制方面，《版权、设计、专利法案》规定，任何非营利目的的引用不构成版权侵权。《版权、设计、专利法案》规定，对于滑稽模仿目的而使用他人作品的，不构成版权侵权；任何有可能阻止或限制实施该款规定之行为的合同条款均不具有可执行力。《版权、设计、专利法案》规定，非商业性目的数据分析的复制行为，不构成版权侵权。任何阻止或限制不侵犯版权复制行为的合同条款不具有执行力。

英国版权限制的特点体现在以下两个方面：第一，版权许可协议与版权限制关系的条款，即不具有执行力条款，并非适用于所有版权限制情形；第二，不具有执行力条款与无效条款并存。所有新的版权限制中，都包含了版权许可协议与版权限制关系的条款，即合同条款禁止或者限制依据本节所规定的不侵犯版权的行为，该条款不具有执行力（unenforceable）。相同的条款包含在科研和私人学习版权限制、馆际互借限制中。但是，对于一些修改的版权限制中，并未包括上述版权许可协议与版权限制关系的条款。新的版权限制包括对于引用限制、滑稽模仿限制、文本与数据挖掘限制，版权许可协议与版权限制相冲突的情形下，冲突条款不具有

---

① Intellectual Property Office. Government Response to Hargreaves [R]. 2011：8.
② Intellectual Property Office. Consultation on Copyright Summary of Responses [R]. 2012：18.
③ Intellectual Property Office. Modernising Copyright [R]. 2012：19.

执行力。然而，对于英国版权法中的特定情形，如计算机软件版权限制情形，法案明确规定了冲突条款是无效的（void）。

三、公共图书馆视角下许可协议与著作权限制之协调

（一）公共图书馆视角下许可协议与著作权限制协调之法哲学基础

洛克曾提出，人对于其与公共可获得的资源混合的劳动成果，享有排他权利。同时，洛克指出，人对于公共可获得的资源，应当仅仅享有合理的部分，充足和完好的其他部分应当被留给其他人，其他人的生命、健康、自由和财产不得受到损害。黑格尔哲学思想中也有与洛克的观点类似的阐述。[①] 黑格尔则认为，人对于其人格的表达是不可剥夺的，人表达其意志，或者通过外部赋形彰显其人格，获得了物的私有财产特征。同时，黑格尔承认，在特殊情形下，私有财产应当被取消，即在特定的例外条件下，私有财产位于更高位阶权利之下。[②] 从利益位阶角度分析，版权人签订许可协议的合同自由应当位于版权限制所保护的更高位阶权利之下。

（二）公共图书馆视角下许可协议与著作权限制协调之原则

传统版权限制属于任意法，在版权许可协议排除版权限制的情形下，我国现有法律通常不能否定该许可协议的效力，因此法律的专门介入十分必要。为了防止版权人通过版权许可协议排除版权限制允许的行为，基本思路是将属于任意法的限制制度转变为强行法，禁止当事人通过版权许可协议排除版权限制制度的适用。目前存在两种解决方案。一是比利时数据库立法所采取的许可协议排除版权限制一律无效的立法方式；二是《欧共

[①] Davies P. Access v. Contract: Competing Freedoms in the Context of Copyright Limitations and Exceptions for Libraries [J]. European Intellectual Property Review, 2013.

[②] Davies P. Access v. Contract: Competing Freedoms in the Context of Copyright Limitations and Exceptions for Libraries [J]. European Intellectual Property Review, 2013.

体计算机软件指令》所采取的选择性无效模式。① 所谓选择性无效模式，是指根据限制对于使用者的重要性，版权人经常通过许可协议排除的限制规定为强行法，与之相反的许可协议之规定为无效。在确定作为版权限制的强行法选择方面，以公共图书馆等以公共政策目标为正当性根据的限制具有更高的位阶，应当作为强行法，禁止版权协议加以排除。

（三）公共图书馆视角下许可协议与著作权限制协调之路径

如前文所述，对于版权限制是否属于强行规定问题，应当根据每项版权限制制度的利益冲突进行逐一分析，判断其属性，即属于强行性规定抑或是任意性规定。版权限制制度大致可分为四种类型。第一类是为保障宪法所规定的基本权利而规定的限制，例如，表达自由、隐私保护等，与之相对应的版权限制为允许基于引用、评论、新闻报道、私人使用情形下的合理使用。第二类是为保护公共利益而规定的限制，其宗旨在于促进知识可及性、保护信息正义，与之相对应的版权限制为教育机构使用、图书馆等公共文化服务机构保存版本和向公众提供借阅。第三类是为保护市场公平竞争而规定的限制，例如，广播与录音的法定许可，报刊转载等。第四类是为了矫正市场失灵而规定的限制。

第一类限制应为强行性规定，不允许私人之间通过协议进行规避。第二类限制，鉴于将公共利益等同于公共秩序，对于版权人的保护有失偏颇，建议承认该限制规定的强制效力，同时在市场调研的基础上建立对于作者的补偿机制，北欧国家的图书馆"公共借阅权"制度可以作为借鉴。所谓公共借阅权，是作者按其每本有版权的图书在公共图书馆中被借阅的次数收取版税的权利。② 基于不同国家公共借阅权的立法差异，国际图联对于公共借阅权作出两种不同定义，即属于版权权利的公共借阅权和属于补偿金权利的公共借阅权。所谓属于版权权利的公共借阅权，是指给予受

---

① 朱理. 著作权的边界——信息社会著作权的限制与例外研究 [M]. 北京：北京大学出版社，2011：200.

② The IFLA Position on Public Lending Right [EB/OL]. [2017-09-30]. http://www.ifla.org/publications/the-ifla-position-on-public-lending-right--2016.

版权保护作品作者有限的排他性权利，在作品发行后，作者有权授权或者禁止其作品的公共借阅。所谓属于补偿金权利的公共借阅权，是指作者有权从其作品的公共借阅中获取金钱补偿权利，部分国家规定的公共借阅权补偿金在版权法框架之内，部分国家则独立于版权制度。第三类限制只有当许可协议违背了反垄断法、消费者权益保护法时，构成对公共秩序的侵害时，不得规避，一般情况下可以规避。第四类限制规定，未能反映出社会的基本价值或普遍利益，若版权人凭借新技术来抵消市场失灵所带来的负面影响，则可以通过协议加以规避。

我国《合同法》立法过程中，如何制订版权合同的问题曾为争议的焦点之一，最后通过的《合同法》未将版权合同纳入分则范围，也未单独制定版权合同法。有学者认为，我国应当直接建构适应网络时代需要的信息传播与利用模式及配套法律。一方面，具体到公共图书馆领域的版权许可协议问题，宜借鉴英国 2014 年《版权、设计、专利法案》修改议案，确立公共图书馆为保护公共利益的版权限制，宗旨在于促进知识可及性、保护信息正义，不应为版权许可协议所规避；另一方面，宜借鉴北欧公共借阅权机制，对于版权人进行补偿，实现激励创新与维护信息正义之间的平衡，促进公共文化事业稳定、持续、高效发展。

第二节 数字公共图书馆著作权限制与技术措施

一、公共图书馆视角下的技术措施及其弊端

1996 年，世界知识产权组织（World Intellectual Property Organization，WIPO）通过了版权条约（WIPO Copyright Treaty，WCT）。WCT 第 11 条规定，权利人使用的、与行使权利相关的有效技术措施，缔约方应当对其规避行为规定适当的法律保护措施和有效的法律救济措施；限制未经表演者或录音制品制作者授权的，或法律允许的表演或者录音行为。《世界知识

产权组织表演和录音制品条约》（*WIPO Performances and Phonograms Treaty*，WPPT）第 18 条作出了类似规定。

为与 WCT、WPPT 保持一致，美国和欧盟进行了反规避立法。1998 年，美国实施了《数字千年版权法案》（*The Digital Millennium Copyright Act*，DMCA）。欧盟实施了《协调信息社会中特定版权和邻接权 2001/29/EC 指令》（Directive 2001/29/EC on the Harmonization of Certain Aspects of Copyright and Related Rights in the Information Society，以下简称 2001/29 号指令）。

首先，技术措施影响公共图书馆对于受版权保护数字资源的利用。在数字化时代，技术措施对公共图书馆获取电子图书、电子期刊、数据库和电影、广播等视听作品构成限制。例如，图书馆能够使用文本音频转换，为阅读障碍者提供版权数字作品服务，但受制于技术措施，无法实现技术进步带来的便捷。其次，技术措施可能涵盖已过保护期限或者作者免费向公众公开，处在公有领域的作品，使得图书馆能够纳入馆藏的作品数量受到一定的限制。再次，技术措施可能使得符合合理使用、法定许可使用等著作权限制的作品无法成为图书馆可资利用的资源，限制了馆藏作品的数量。最后，对于受技术措施控制的数字产品，一旦其停产，不仅其技术措施不一定能够与新的操作系统兼容，而且图书馆也很难将其内容移植到新的平台上。

二、美国反规避立法及其例外制度

美国《数字千年版权法案》在《美国法典》（*United States Code*）第 17 编版权中增加第 12 章版权保护和管理系统（Chapter12 – Copyright Protection and Management System）。《美国法典》1201（a）（1）（A）规定，规避多数商业软件安装的反盗版措施构成刑事犯罪。美国《数字千年版权法案》规定了 3 种情形的侵权：一是关于规避控制接触受版权保护作品的技术措施；二是制造、传播、提供规避接触控制的产品、服务或装置；三是制造、传播或者提供规避有效保护权利人权利的技术措施的产品、服务

第四章 数字公共图书馆著作权限制与许可协议、技术措施

或装置。《美国法典》1201（b）(1)(A) 规定，规避技术措施是指，未经权利人同意，解密受到加密保护的作品或者回避、绕开、移除、使失效或者损坏技术措施。

《美国法典》规定了两种情形的禁止规避技术措施例外即一般例外和授权国会图书馆确定的临时例外。1201（d）至 1201（j）规定了 7 种形式的一般例外，即非营利性图书馆、档案馆及教育机构其他获取手段未成，为作出是否购买决定而接触版权保护作品；执法机关、情报机构和政府为发现计算机和网络安全隐患而开展调查、保护行为；反向工程；加密研究；未成年人保护；保护个人身份信息；为研究、调查、防范计算机系统及网络系统存在安全隐患而进行的安全测试。

1201（a）授权美国国会图书馆每 3 年规定临时例外。负责临时例外的机构为美国国会图书馆下设的版权局。需考虑若无相关临时例外，作品的使用者或潜在使用者合法获得并使用作品是否会受到影响。《美国法典》1201（a）(1)(C) 规定，包括受版权保护作品的可获得性，非营利存档、保存和教育目的下作品可获得性，禁止规避技术措施对于版权保护作品的批评、评论、新闻报道、教育、研究造成的影响，规避技术措施对于版权保护作品市场或价值的影响，国会图书馆认为恰当的其他因素。自《数字千年版权法案》禁止规避技术措施临时例外确立至今，共有 2000 年、2003 年、2006 年、2010 年、2012 年、2015 年 6 个版本。[①] 2000 年版本仅包括被过滤软件阻止访问的网站汇编和由控制接触技术措施保护的文字作品两类。2003 年版本新增格式过时的计算机程序和视频游戏，利用软件狗保护的计算机程序。2006 年版本剔除 2000 版本中的网站汇编例外，保留文字作品例外和 2003 年新增例外，新增高校电影媒体研究图书馆收藏的适应作品、光碟形式发行的录音以及相关视听作品，使无线手持电话与无线通信网络相连的计算机程序。2012 年版本剔除利用软件狗保护的计算机程序、视频游戏的临时例外，保留文字作品、视听作品，使无线手持电

---

① 肖冬梅，方舟之. 美国禁止规避技术措施例外制度的缘起、演进与启示 [J]. 图书馆论坛，2016（6）: 1-9.

话与无线通信网络相连的计算机程序，设定无线电话运行应用软件权限的计算机程序。2015年版本临时例外增加至10类，除保留2012年版本4类临时措施外，新增智能电视应用软件、智能汽车软件、视频游戏的网络服务器访问控制软件、智能汽车软件、3D打印操作软件、为善意安全研究而破解及其或设备软件、获取联网医疗设备上病人汇编数据6项临时例外。

三、欧盟反规避立法及其例外制度

2001/29号指令第6条对于技术措施的保护作出规定。一方面，指令从禁止规避行为和禁止规避设备的角度规定了技术措施保护，另一方面，指令为便利社会公众合理使用版权和邻接权，规定了技术措施的限制。2001/29号指令规定了技术措施保护的限制。在复制权方面包括：（1）权利人获得了合理补偿的复印；（2）图书馆、公共教育机构、博物馆和档案馆从事的某些复制；（3）广播组织所制作的某些临时录制和存档副本；（4）某些社会组织复制的广播节目，权利人获得了合理补偿。在复制权和向公众传播权共同适用例外方面：（1）为了教学和科学研究的某些使用；（2）为了公共安全和立法、行政、司法程序的使用。

四、欧美反规避立法及其例外的中国借鉴

（一）将技术措施例外条款纳入著作权法

目前，我国《著作权法》仅在48条规定下不得避开或者破坏技术措施，而对于防止著作权过度扩张的技术措施例外条款，仅规定于《信息网络传播权条例》第12条，立法层级较低，不利于使用者与权利人的利益平衡。应当将技术措施例外条款规定纳入《著作权法》之中。

（二）规定著作权例外一般条款

始于《伯尔尼公约》的多边版权条约"三步检测"模式，代表了版权限制一般条款合理使用模式、公平交易模式的平衡，兼具灵活性与稳定

第四章 数字公共图书馆著作权限制与许可协议、技术措施

性。采用"三步检测"模式构建版权限制条款,首先将重要的版权限制具体条款详细地规定,其次规定具有抽象概括性的"三步检测",即版权限制应当符合三个条件:(1)局限于某些特殊情形;(2)不与作品的正常利用相冲突;(3)不应不合理地损害权利人的正当利益。

我国《著作权法》第22条规定了12种情况的合理使用,并未规定一般条款。《著作权法(修订草案送审稿)》规定了合理使用一般条款,在第43条第2款中规定:"使用作品,不得影响作品的正常使用,也不得不合理地损害著作权人的合法利益。"《著作权法》修订草案规定著作权限制一般条款,为技术发展下版权的滞后性提供充分的协调空间,有助于实现权利人、使用者的利益平衡。

(三)规定公共图书馆反规避例外

我国《信息网络传播权条例》第12条规定,可以避开技术措施的四种情形:(1)为学校课堂教学或者科学研究,通过信息网络向少数教学、科研人员提供已经发表的作品、表演、录音录像制品,而该作品、表演、录音录像制品只能通过信息网络获取;(2)不以营利为目的,通过信息网络以盲人能够感知的独特方式向盲人提供已经发表的文字作品,而该作品只能通过信息网络获取;(3)国家机关依照行政、司法程序执行公务;(4)在信息网络上对计算机及其系统或者网络的安全性能进行测试。有必要充分考虑数字公共图书馆在协调新技术背景下权利人与使用者利益平衡的功能,规定公共图书馆在为公民个人学习研究使用、保存图书馆副本、馆际互借、为阅读障碍者提供资源等目的,对技术措施进行规避。

第五章

多边著作权立法新进展及中国应对

第一节 加快著作权保护的多边立法进程

一、ACTA

根据2011年4月15日公布的正式文本，ACTA共六章45条。第一章规范ACTA的基础规定及定义；第二章规范知识产权执法措施，包含民事执法、刑事执法、边境措施、数字环境下知识产权执法等规定；第三章规范执法实践，包括执法方式的透明化、提高公众认知等加强执法方法的规定；第四章规范缔约方彼此间的合作义务，例如，信息交换、经验分享、信息交流等概念；第五章规范机构安排，也就是有关ACTA事务安排的规定，包括设立委员会、委员会的职权以及会议的召开等行政事项规定；第六章规范最终条款，包括协议的生效、修正以及缔约方的加入与退出等关于ACTA的运作规定。

ACTA第1条规定，ACTA协定下的各缔约方不得减损其依据《TRIPS协议》所承担的义务，即与《TRIPS协议》给予各成员方的义务相比，ACTA的各缔约方只会承担得更多，而不能有所减少，这也符合《TRIPS

第五章　多边著作权立法新进展及中国应对

协议》的"更高水平"原则。由此可知，ACTA 要求缔约方承担的义务明显重于《TRIPS 协议》。

1. 临时措施标准提高

《TRIPS 协议》第 50 条规定临时措施的被申请人是指"正在实施或者即将实施侵犯他人权利"的人，并没有将被申请人扩大到第三方。ACTA 第 12 条对民事诉讼中的临时措施规定，司法机关有权对当事人及在其司法管辖的第三方采取临时措施。ACTA 将民事诉讼中临时措施的范围扩大到"司法管辖权范围内的第三方"，即将"司法管辖权范围内的第三方"作为实施临时措施的对象。这样，权利人不仅可以针对恶意的侵权人，还可以针对善意的（不知其行为是侵权的）侵权人、与侵权人存在贸易关系的人，等等。与临时措施相似，禁令的适用范围也从《TRIPS 协议》的仅针对当事人扩大到"司法管辖范围内的第三方"。

2. 边境措施标准提高

《TRIPS 协议》第 50 条第 4 款规定："当临时性措施是应单方请求而采取时，应及时地通知受到影响的当事人，……包括给予被听证的权利。"《TRIPS 协议》第 55 条规定："如果在向请求人发出停止放行通知之后不超过 10 工作日的期间之内，海关没有接到通知，……应适用上述第 50 条第 6 款的规定。"《TRIPS 协议》第 56 条规定："对于由于错误地扣留商品或者由于扣留按照上述第 55 条的规定应予以放行的商品而造成的损失，有关主管部门应有权责令请求人向该商品的进口者、收货人和所有者支付适当的赔偿。"

根据 ACTA 第 16 条第 2 款对边境措施的规定，中止放行不仅包括 ACTA 第 16 条第 1 款规定的海关进出口货，还包括过境的转运货物及其他情况下海关控制的货物。《TRIPS 协议》第 51 条海关停止放行的情形列明："如果一个权利所有者有正当的理由怀疑进口商品是采用假冒商标的商品或盗版商品，……缔约方也可以制定相应的程序，以便由海关停止放行试图由其领土出口的侵权商品。"即《TRIPS 协议》中边境措施的适用对象仅指成员方的进出口货物，故 ACTA 扩大了边境措施的适用对象。

《TRIPS 协议》第 50 条第 4 款规定采取临时措施后为保障被告权益，应及时通知以使被告有机会请求重新审查及进行陈述；而 ACTA 却删除了通知被告、听取被告陈述的条款，一旦当局采取临时措施，被告只有接受的义务。《TRIPS 协议》分别用第 55、56 条两项条文对停止放行的期限、进口者和商品所有者的赔偿作出限制。而 ACTA 中并没有这两项限制性条款，换言之，进口者和商品所有者在受到实质或非实质性侵权时，依据 ACTA 没有任何复审或是终止措施可以采取。

3. 数字版权执法标准提高

ACTA 第 27 条第 5 款关于"制止规避有效技术措施"的原则性要求，即所谓"充分的法律保护和有效的法律救济"。关于"充分的法律保护和有效的法律救济"，WCT、WPPT 并不明确，而 ACTA 第 27 条第 6 款则明确要求。这种保护至少能够制止下列行为：（1）故意或者应知是所采取的有效技术措施，未经授权却进行规避；（2）通过销售一个装置或者产品（包括计算机程序）或者提供一种服务，向公众提供一种规避有效技术措施的手段；（3）主要为了规避有效技术措施而设计和生产，或者除了为规避有效技术措施之外仅具有有限的明显商业性目的，制造、进口或销售一种装置或产品（包括计算机程序）或者提供一种服务。

二、TPP

（一）TPP 概述

《跨太平洋伙伴关系协定》（*Trans-Pacific Partnership Agreement*，TPP）前身为 2005 年文莱、智利、新西兰、新加坡四国协议发起的《跨太平洋战略经济伙伴关系协定》。美国 2008 年加入该协定。2016 年 2 月，美国、日本、澳大利亚、文莱、加拿大、智利、马来西亚、墨西哥、新西兰、秘鲁、新加坡和越南正式签署 TPP 协议。

2012 年 7 月 IFLA 发表《图书馆关于 TPP 协议的声明》，声明表示，最近一些在 WIPO 和 WTO 体系之外进行的知识产权协议，存在谈判进程和内容不透明、合理使用规定不具体的问题。2016 年 2 月，IFLA 联合相关组织发表了《关于贸易和网络的布鲁塞尔声明》，该声明指出，TPP 协议包含了严苛的著作权执法规定，侵害言论自由、创新和网络隐私权。为避免多变协议过度强调著作权的保护和执法而忽略合理使用的问题，声明提出了 6 项原则：（1）尊重、促进和实现《公民权利和政治权利国际公约》第 19 条即公民言论自由和第 25 条即公民参与公共事务权利的规定；（2）为民间社会提供参与和合作的机会；（3）坚持信息自由原则；（4）谈判咨询机构或谈判进程具有均衡的代表性；（5）吸纳代表互联网用户的组织与专家；（6）确保实现《联合国 2030 年可持续发展议程》。①

（二）TPP 著作权权利严格保护的表现

1. 技术保护措施的严格保护

TPP 第 4.9 条（a）要求缔约方应制裁的规避技术保护措施行为包括：未经授权，规避任何阻止获取受保护的作品、表演、唱片或其他著作权的有效技术保护措施；任何以规避有效技术措施为目的，而生产、进口、销售、要约销售有关设施、产品或元器件，或提供促销、广告或市场营销等服务，包括提供设计等其他为规避提供便利的行为。而且要求缔约方把规避行为列为独立于任何著作权侵权之外的违法行为。这种反规避技术保护措施的规定相当严格，超过了 TPP 多数成员国内法的要求。②

2. "三步检测法" 的扩张趋势

著作权限制与例外制度的出现是为了平衡著作权人与公众的利益，满足公众的需求。科学的限制和例外制度意味着著作权的保护被限定在合理范围之内，同时对专有权例外也作出了明确规定。这样的制度既能确保著作权法保护的权利人的专有权，又不为社会公益性质的活动设置障碍。TPP 在确定著作权范围时有所扩张，在这个前提下，应当制定相对合理宽

---

① Brussels Declaration on Trade and Internet [EB/OL]. [2017 – 04 – 30]. http：//www.ifla.org/files/assets/clm/brussels_declaration.pdf.

② 刘宇. TPP 知识产权最大化国际保护新发展析论——以著作权若干规则为切入点 [J]. 北京理工大学学报：社会科学版，2014（04）：123 – 130.

松的权利限制和例外规则，才能平衡著作权人与公众的权利。但 TPP 却对权利限制与例外施以更严格的规制。

"三步检测法"对著作权的权利限制作出如下规定：（1）合理使用仅限于某些特殊情形下而且不能超过使用目的的必要范围；（2）对作品的利用不能妨碍著作权人对作品的正常利用；（3）利用作品时不能不合理地损害著作权人的合法利益。该方法一直被认为是国际知识产权法中确定权利限制与例外的标准，但同时不可忽视的是方法背后表现出的著作权人权利扩张的倾向。该方法因为被质疑只是为了维护著作权权利人的利益，阻碍公共利益的获取而获得较大争议，而在 TPP 中提出了标准较高且颇具争议的"三步检测法"。

TPP 中所规定的"三步检验法"，从其表达上看倾向于保护权利人利益，但这样的表述明显是缩限权利限制或例外适用的范围，其带来的影响可能有如下方面：首先，可能会限制新的权利限制和例外成立。TPP 中关于权利限制与例外在明确表示不减少相关国际知识产权条约现有例外与限制的同时，也规定不会扩大这些范围。那么这些现有例外与限制就会被纳入其规定的"三步检验法"的审查范围，TPP 协议缔结国想要创立新的权利限制与例外的话，就必须接受"三步检验法"高标准审检查，由此产生的影响对我国公众利用也是极为不利的。其次，"三步检验发"检验对象范围扩大。该协议中第二步的检验要求包括了《TRIPS 协议》中没有涉及的表演或录音制品。第三步检验则在要求考量的"合法利益"中添加了精神权利，而且其"合法利益"与多数国际知识产权条约的规定不同，涉及所有权利持有人，进一步扩大了保护的主体范围。

TPP 所规定的"三步检验法"表现了著作权人权利扩张的趋势，控制限制与例外适用范围，不仅会对创设新的合理的限制和例外造成消极影响，还会侵蚀已存的限制与例外的范围。如此一来，用于公共利益的作品的范围将大大减少。

第二节　规定图书馆著作权限制的多边立法进程

一、《马拉喀什条约》

（一）视障者作品获取的主体范围

《马拉喀什条约》第3条规定，视力障碍者为《条约》的"受益人"，包括盲人、有视觉缺陷、知觉障碍或阅读障碍的人，在其他方面因身体残疾而不能持书、翻书或者不能集中注意力阅读的人。《马拉喀什条约》第4条第2项规定，特定视力障碍者的主要看护人或照顾者可以制作作品的无障碍格式版供受益人个人使用。《马拉喀什条约》第2条第2项规定"被授权实体"，即得到政府授权或承认，以非营利方式向受益人提供教育、指导培训、适应性阅读或信息渠道的实体。此外，也包括接受政府财政支持，以非营利方式向受益人提供前述服务的实体。

（二）视障者作品获取权的权利客体

《马拉喀什条约》第2条第2款规定无障碍格式版的重制和使用行为是视障者作品获取权的权利客体。所谓无障碍格式版是指以替代方式，让受益人使用作品，包括让受益人能够与无障碍或其他印刷品阅读障碍者一样舒适地使用作品的作品版本。

（三）无障碍格式版的提供

《马拉喀什条约》第4条第4款规定：缔约方可以将对著作权的限制和例外限于无法从商业渠道以合理条件为该市场中的受益人获得特定无障碍格式的作品。换言之，若某作品在正常文化市场中已经存在适合于视力障碍者的作品版本，则排除视障者获取权的适用。

（四）无障碍格式版权利限制

《马拉喀什条约》第 4 条第 2 款明确了缔约方可以通过国内法为被授权实体和受益人规定的版权例外的内容。具体地说，国内法在明确被授权实体的定义及其义务的基础上，可以为授权实体提供版权限制或例外的内容包括：对于依法有权使用的作品或作品复制件，允许被授权实体在未经版权权利人授权的情况下：（1）制作作品的无障碍格式版；进行无障碍格式版转化时，允许被授权实体采取必要手段，但对作品的修改限于必要的以促进受益人的有效利用为目的修改；（2）被授权实体可以从另一被授权实体获得无障碍格式版；（3）以任何方式将无障碍格式版提供给受益人，且只提供给受益人。提供的方式可包括非商业性出借或以有线或无线电子传播方式，如通过广播播放有声作品等；（4）允许被授权实体为实现以上目的而采取任何中间步骤，如提供配套设备，或对作品进行必要的修改等。

对于单个受益人，国内法可以允许受益人及代表其行事的人（包括主要看护人或照顾者），将依法有权使用的作品或作品的复制件，制作成无障碍格式版，或通过其他方式帮助受益人制作无障碍格式版。该无障碍格式版为受益人所专用。

《马拉喀什条约》第 4 条第 5 款规定，是否需要支付报酬由各国国内法决定，意味着条约回避了获取权的行使是合理使用还是法定许可的问题。

（五）无障碍格式版的跨境交换

为了避免重复转换作品格式，实现世界范围内无障碍格式版资源的共享，无障碍格式版的跨境交换应该被允许。《马拉喀什条约》第 5 条和第 6 条规定，各成员方国内法应提供相关例外或限制以确保：根据限制或例外或依法制作的无障碍格式版，允许被授权实体在未经权利人授权的情况下：（1）向另一缔约方的被授权实体提供或发行；（2）允许被授权实体向另一缔约方的受益人直接发行或提供；其前提是，被授权实体必须承担"确认其正在服务的对象是受益人"的义务；（3）无障碍格式版仅限受益人使用；（4）被授权实体或受益人及其代表人，为了受益人的利益进口无障碍格式版。

二、WIPO 图书馆版权限制与例外草案

2004 年 10 月，经智利提议，"为教育、图书馆和残障人士的版权及相关权的例外与限制"的议题列入了版权及相关权常设委员会（Standing Committee on Copyright and Related Rights，简称 SCCR）第 12 届例会的议程。① 关于图书馆和档案馆的版权例外与限制的提案主要有以下 4 项：（1）非洲集团提出的《WIPO 关于为残疾人、教育研究机构、图书馆和档案馆实行例外与限制的条约草案》（以下简称"非洲集团条约草案"）；②（2）美国提出的《关于图书馆和档案馆例外与限制的目标与原则的提案》；③（3）巴西、厄瓜多尔、乌拉圭等国递交的《关于图书馆和档案馆的例外与限制的提案》（以下简称巴西等国提案）④；（4）《载有关于图书馆和档案馆例外与限制适当国际法律文书（不论何种形式）的评论意见和案文建议的工作文件》⑤。

（一）图书馆和档案馆资料的保存

对于书馆和档案馆资料的保存问题，非洲集团条约草案提出：第一，

---

① 徐轩. 世界知识产权组织关于图书馆版权例外的国际立法研究 [J]. 图书馆建设，2014，243（9）：25–29.

② The African Group. Draft WIPO Treaty on Exceptions and Limitations for the Persons with Disabilities, Educational and Research Institutions, Libraries and Archives [EB/OL]. [2017–04–30]. http://www.wipo.int/edocs/mdocs/copyright/en/sccr_22/sccr_22_12.pdf.

③ The United States of America. Objectives and Principles for Exceptions and Limitations for Libraries and Archives [EB/OL]. [2017–04–30]. http://www.wipo.int/edocs/mdocs/copyright/en/sccr_23/sccr_23_4.pdf.

④ Brazil, Ecuador and Uruguay, Proposal on Limitation and Exceptions for Libraries and Archives [EB/OL]. [2017–04–30]. http://www.wipo.int/edocs/mdocs/copyright/en/sccr_23/sccr_23_5.pdf.

⑤ Working Document Containing Comments on and Textual Suggestions Towards an Appropriate International Legal Instrument (in whatever form) on Exceptions and Limitations for Libraries and Archives [EB/OL]. [2017–04–30]. http://www.wipo.int/edocs/mdocs/copyright/en/sccr_26/sccr_26_3.pdf.

准许不经版权所有人的授权而制作已发表或未发表的作品的有限复制品（不论其格式如何），以满足图书馆和档案馆的需要；第二，作品的复制品应该仅用于满足教学、研究和保存文化遗产的需要；第三，复制品应该限于非营利使用，符合公众共同利益和人类发展，不与作品的正常利用相冲突或过度损害作者的合法利益；第四，这种活动可以现场或远程进行。① 美国提案指出，例外和限制可以并应该使图书馆和档案馆能够为保存和更换目的，在适当情况下制作已发表和未发表的作品的复制品。存在以各式各样的介质和格式进行这种保存的必要性，并可以包括从过时的存储格式中移植内容。②

（二）复制权与备用复制品

非洲集团条约草案提出，准许图书馆或档案馆向另一图书馆或档案馆提供由本馆合法获得或获取的任何作品或受相关权保护的资料的一件复制品，以便后者进而以任何方式（包括数字传输）提供给其任何用户，只要这种使用符合国内法规定的公平惯例。③ 欧盟意见为：成员国受到三步检验标准的严格制约，它们只能在某些特殊情况下适用这些限制，即限制不与作品或其他客体（该检验法当然也适用于邻接权）的正常利用相冲突的，也不致过度损害权利人的合法利益。④ 美国意见认为：第一，不仅有向谁提供复制品的问题，还有提供多少复制品的问题。关于图书馆提供所

---

① The African Group. Draft WIPO Treaty on Exceptions and Limitations for the Persons with Disabilities, Educational and Research Institutions, Libraries and Archives [EB/OL]. [2017-04-30]. http://www.wipo.int/edocs/mdocs/copyright/en/sccr_22/sccr_22_12.pdf.

② The United States of America. Objectives and Principles for Exceptions and Limitations for Libraries and Archives [EB/OL]. [2017-04-30]. http://www.wipo.int/edocs/mdocs/copyright/en/sccr_23/sccr_23_4.pdf.

③ The African Group. Draft WIPO Treaty on Exceptions and Limitations for the Persons with Disabilities, Educational and Research Institutions, Libraries and Archives [EB/OL]. [2017-04-30]. http://www.wipo.int/edocs/mdocs/copyright/en/sccr_22/sccr_22_12.pdf.

④ Working Document Containing Comments on and Textual Suggestions Towards an Appropriate International Legal Instrument (in whatever form) on Exceptions and Limitations for Libraries and Archives [EB/OL]. [2017-04-30]. http://www.wipo.int/edocs/mdocs/copyright/en/sccr_26/sccr_26_3.pdf.

有复制品，限制条件对于确保版权法中的例外和限制经过适当设计是很重要的。图书馆相信，复制品将用于私人学习、学术或研究而不是直接或间接用于商业目的，这一点也很重要。第二，复制品上载有保护该作品的版权的标记。第三，资料在通过图书馆索取时成为用户的财产，还是在用于其他目的，例如用于保存和替换时成为图书馆本身的财产。美国法律允许在不同场合对同一资料的单一副本进行单独的、互不相关的复制。第四，应对复制版权作品的数量。美国对不同情况作出区分：图书馆相互之间或向终端用户提供一份杂志中的单篇学术性文章，或有版权的汇编的片段，或有版权的作品的片（如一章或有限的若干页）的复制品，或是复制一本书那样的更大的作品。①

（三）法定缴存

非洲集团的条约草案规定：第一，各缔约方可确定由特定的图书馆、档案馆或任何其他机构作为指定缴存中心，并规定凡在该国出版的作品，均须向该中心缴存并由其永久保存至少一份。第二，指定的缴存中心应要求，凡已出版的版权作品或受版权及相关权保护的出版材料，均须缴存。第三，应准许指定的缴存中心为保存目的对可公开获取的内容复制至少一份记录，并要求凡已向公众传播或向公众提供的版权作品或者受版权及相关权保护的作品，均须缴存。② 美国认为，版权制度中的一种手续，版权保护也不因缴存而改变。③

---

① Working Document Containing Comments on and Textual Suggestions Towards an Appropriate International Legal Instrument (in whatever form) on Exceptions and Limitations for Libraries and Archives [EB/OL]. [2017-04-30]. http://www.wipo.int/edocs/mdocs/copyright/en/sccr_26/sccr_26_3.pdf.

② Working Document Containing Comments on and Textual Suggestions Towards an Appropriate International Legal Instrument (in whatever form) on Exceptions and Limitations for Libraries and Archives [EB/OL]. [2017-04-30]. http://www.wipo.int/edocs/mdocs/copyright/en/sccr_26/sccr_26_3.pdf.

③ Working Document Containing Comments on and Textual Suggestions Towards an Appropriate International Legal Instrument (in whatever form) on Exceptions and Limitations for Libraries and Archives [EB/OL]. [2017-04-30]. http://www.wipo.int/edocs/mdocs/copyright/en/sccr_26/sccr_26_3.pdf.

（四）图书馆出借

欧盟意见认为：如果该权利的专有性被削弱，至少应该有获得报酬的可能性，而且报酬至少应该向作者支付。提供给成员国的变通性使得有可能考虑：在某些情况下（如就电影或录音制品而言）规定一种专有权；在其他情况下（如就图书而言）规定一种获得报酬权。① 尽管坚定支持公共图书馆和档案馆实现其促进文化的公共利益使命这一职责，但欧盟及其成员国的法律制度仍然包含明确的和可执行的保障，以确保对作品和其他受保护的客体给予充分保护。②

（五）平行进口

非洲集团的条约草案规定：购买作品在缔约方规定作品被首次售出或者其他所有权转让之后不存在该作品进口权的国际用尽的情况下，应允许图书馆和档案馆购买和合法进口作品，以归入其馆藏之中。③ 欧盟意见认为：在国际条约中，这些问题仍属于缔约方自由裁量的范畴，而在创造某种平行的不同市场方面，应当慎重仔细地考虑这类建议所带来的危险。④

---

① Working Document Containing Comments on and Textual Suggestions Towards an Appropriate International Legal Instrument (in whatever form) on Exceptions and Limitations for Libraries and Archives [EB/OL]. [2017-04-30]. http://www.wipo.int/edocs/mdocs/copyright/en/sccr_26/sccr_26_3.pdf.

② Working Document Containing Comments on and Textual Suggestions Towards an Appropriate International Legal Instrument (in whatever form) on Exceptions and Limitations for Libraries and Archives [EB/OL]. [2017-04-30]. http://www.wipo.int/edocs/mdocs/copyright/en/sccr_26/sccr_26_3.pdf.

③ Working Document Containing Comments on and Textual Suggestions Towards an Appropriate International Legal Instrument (in whatever form) on Exceptions and Limitations for Libraries and Archives [EB/OL]. [2017-04-30]. http://www.wipo.int/edocs/mdocs/copyright/en/sccr_26/sccr_26_3.pdf.

④ Working Document Containing Comments on and Textual Suggestions Towards an Appropriate International Legal Instrument (in whatever form) on Exceptions and Limitations for Libraries and Archives [EB/OL]. [2017-04-30]. http://www.wipo.int/edocs/mdocs/copyright/en/sccr_26/sccr_26_3.pdf.

(六) 跨境使用

非洲集团的条约草案规定：应允许位于某一缔约方领土的图书馆和档案馆发送、接收或交换另一缔约方领土合法制作的作品或受相关权保护的材料的复制品，包括根据本条约制作的作品和受相关权保护的材料的复制件。①

(七) 对图书馆和档案馆责任的限制

非洲集团的条约草案规定：图书馆员或档案馆员在其职责范围内行事，所涉行为系出于诚信，并有下列情况的，不负版权侵权责任：a. 有合理理由相信，可以适用本条约所授予的例外或限制，或其他适用于本条约受益人的国际或国内规定；b. 作为行为对象的作品或材料属于公有领域，或为开放内容使用许可合同所涵盖。② 同时规定，缔约方/成员国规定有间接责任制度的，图书馆和档案馆应免于为其用户的行为承担责任。③ 美国意见认为：图书馆和档案馆及其雇员和代理人出于诚信行事，相信或者有合理理由相信自己的行为符合版权法的，国家版权法还可以对某些类型的损害赔偿进行限制。④

---

① Working Document Containing Comments on and Textual Suggestions Towards an Appropriate International Legal Instrument (in whatever form) on Exceptions and Limitations for Libraries and Archives [EB/OL]. [2017-04-30]. http://www.wipo.int/edocs/mdocs/copyright/en/sccr_26/sccr_26_3.pdf.

② Working Document Containing Comments on and Textual Suggestions Towards an Appropriate International Legal Instrument (in whatever form) on Exceptions and Limitations for Libraries and Archives [EB/OL]. [2017-04-30]. http://www.wipo.int/edocs/mdocs/copyright/en/sccr_26/sccr_26_3.pdf.

③ Working Document Containing Comments on and Textual Suggestions Towards an Appropriate International Legal Instrument (in whatever form) on Exceptions and Limitations for Libraries and Archives [EB/OL]. [2017-04-30]. http://www.wipo.int/edocs/mdocs/copyright/en/sccr_26/sccr_26_3.pdf.

④ Working Document Containing Comments on and Textual Suggestions Towards an Appropriate International Legal Instrument (in whatever form) on Exceptions and Limitations for Libraries and Archives [EB/OL]. [2017-04-30]. http://www.wipo.int/edocs/mdocs/copyright/en/sccr_26/sccr_26_3.pdf.

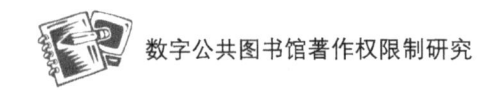

（八）技术措施

非洲集团的条约草案规定：缔约各方应确保在对作品采用了技术保护措施的情况下，例外与限制的受益者拥有享有例外的方法，包括在必要时为查阅作品而享有规避技术保护措施的权利。① 美国意见认为，美国法规定，图书馆为了确定其是否希望购买某件作品复制件归入其馆藏的时候，可以规避限制对作品进行查阅的技术保护措施。美国法规定，通过国会图书馆与商务部的相关部门协商同意的行政程序，可以获得针对技术保护措施的例外。版权登记局与商务部负责通信和信息的副部长协商，每三年开展一项工作，向国会图书馆建议给予某类作品用户豁免，条件是这些人在今后三年可能因禁止规避而对其对这类作品的非侵权使用能力造成不利影响。②

（九）合同

非洲集团的条约草案规定：任何规定免予适限制与例外的合同条款应为无效。③ 美国意见为：应谨慎限制图书馆与其他材料提供商签署合同或进入合同关系的自由。一般而言，当事方的缔约自由是美国法的一项重要原则，对于任何可能干涉这一原则的国际版权规则，将非常不愿予以考虑。④

---

① Working Document Containing Comments on and Textual Suggestions Towards an Appropriate International Legal Instrument (in whatever form) on Exceptions and Limitations for Libraries and Archives [EB/OL]. [2017-04-30]. http：//www.wipo.int/edocs/mdocs/copyright/en/sccr_26/sccr_26_3.pdf.

② Working Document Containing Comments on and Textual Suggestions Towards an Appropriate International Legal Instrument (in whatever form) on Exceptions and Limitations for Libraries and Archives [EB/OL]. [2017-04-30]. http：//www.wipo.int/edocs/mdocs/copyright/en/sccr_26/sccr_26_3.pdf.

③ Working Document Containing Comments on and Textual Suggestions Towards an Appropriate International Legal Instrument (in whatever form) on Exceptions and Limitations for Libraries and Archives [EB/OL]. [2017-04-30]. http：//www.wipo.int/edocs/mdocs/copyright/en/sccr_26/sccr_26_3.pdf.

④ Working Document Containing Comments on and Textual Suggestions Towards an Appropriate International Legal Instrument (in whatever form) on Exceptions and Limitations for Libraries and Archives [EB/OL]. [2017-04-30]. http：//www.wipo.int/edocs/mdocs/copyright/en/sccr_26/sccr_26_3.pdf.

第三节 多边著作权立法新进展的中国应对

一、应对多边协定著作权保护加强的趋势

充分认识 ACTA、TPP 等多边协定强化著作权保护的高标准的实质，即以美国为首的知识产权经济强国在国际层面进行制度霸权主义扩张的尝试。著作权扩张可能严重影响公有该领域，有违著作权给予权利人一定期限垄断权利激励而促进文化传播、拓展公有领域的制度逻辑。这种扩张使得知识产权薄弱的发展中国家处于弱势地位，对此中国应当保持高度警惕。同时，有必要及早准备相关谈判预案，既可用于参与多边知识产权协定的谈判，也可用于 TPP 各成员方的双边贸易谈判。在预案内容中至少区分两类议题：其一，可能更易形成共同利益基础的谈判难度较低的著作权保护议题，包括一些对中国制度形成较小影响的议题，譬如著作财产权保护、限制与例外等。其二，与中国制度差距较大，可能不易达成共识的著作权保护议题。可根据中国著作权立法发展走向，将此类议题适时列入我国可以让步并进行利益互换的谈判筹码，譬如著作权保护期限延长、技术措施和权利管理信息保护等。[①]

二、充分利用 WIPO 多边谈判平台

我国图书馆界应认识到这一议题的重要性，积极推动缔结关于图书馆版权例外与限制的国际条约。作为重要的发展中国家，我国图书馆界应积极关注、参与 WIPO 的相关谈判，充分认识 WIPO 在协调全世界的知识产权立法方面的重要作用及一个国际层面的图书馆版权例外条约的必要性和重要性，并切实推动这一条约的缔结。

[①] 张桂红，刘宇. 论 TPP 中强化著作权保护之趋向及中国应对 [J]. 上海财经大学学报，2015（5）：82-92.

三、促进视障者著作权限制国内立法

(一) 确认公共图书馆为"被授权主体"

根据《马拉喀什条约》(以下简称《条约》)对"被授权实体"的界定,那些具体从事视障者文献信息服务的图书馆且有能力承担《条约》所规定的相应义务的图书馆,应当被认定为"被授权实体"。目前,我国公共图书馆大多建立了无障碍阅览室或盲人视听室等盲人读者服务点,承担着为视障者服务的使命。公共图书馆这一职责在《中华人民共和国残疾人保障法》的相关规定中得到体现和落实。我国的公共图书馆具备《马拉喀什条约》所指"被授权实体"的构成要件,应当成为"被授权实体"。

(二) 拓展视障者可获得客体范围

我国《著作权法》对无障碍格式版的合理使用仅规定了"盲文作品"一种。参考国外立法例,无障碍格式版作品有3种类型:一是盲文图书;二是扩大文字版图书(俗称"大字书");三是录音图书(俗称"有声读物")。对无障碍版的重制须遵循特别准则。《条约》在序言、第11条专门规定,为视障者提供无障碍作品而施加给著作权人的负担不宜过重,应遵循"三步检验标准"的原则,其中最重要的一条标准在于"不至于不合理地损害作者的合法利益",在实践中则主要表现为"不应对知识产权的市场销售造成潜在的威胁"。

(三) 综合利用合理使用与法定许可

视障者作品获取权的目的在于促进他们平等地接触文化产品,而非免费享受,适当支付报酬以尊重著作权人利益也在情理之中。但现实是,我国残疾人事业起步较晚、发展缓慢,视障者因身体上的残疾往往导致经济生活困难,普遍缺乏与正常人一样的文化消费能力。较为合理的方案是:在教育目的范围内的教辅材料、专业书籍,特别是帮助视障者发展职业技能方面的无障碍版作品的制作，应允许其不必向著作权人支付报酬（合理使用），其他类型的作品则应采用法定许可制度的规则支付合理报酬（法定许可）。

盲文作为专为盲人设计和使用的文字符号，具有最为强烈的专用性，推广和使用盲文能有效避免无障碍格式版（如有声读物）进入正常文化市场影响著作权人的正当利益。为了鼓励盲文普及和发展盲文教育，宜将任何作品类型的图书转化为盲文并发行，此皆属于合理使用，不需支付报酬。

参考文献

一、中文著作

[1] 陈传夫. 图书馆发展中的知识产权问题研究 [M]. 北京：中国人民大学出版社，2015.

[2] 崔国斌. 著作权法：原理与案例 [M]. 北京：北京大学出版社，2014.

[3] 黄国彬. 著作权例外与图书馆可适用的著作权例外 [M]. 北京：知识产权出版社，2011.

[4] 吉宇宽. 图书馆合理分享著作权利益诉求研究 [M]. 北京：中国社会科学出版社，2015.

[5] 马海群. 面向数字图书馆的著作权制度创新 [M]. 北京：知识产权出版社，2011.

[6] 秦珂，豆敏，李姝娟. 图书馆著作权管理问题研究 [M]. 北京：知识产权出版社，2010.

[7] 汤宗舜. 知识产权的国际保护 [M]. 北京：人民法院出版社，1999.

[8] 汤宗舜. 著作权法原理 [M]. 北京：知识产权出版社，2005.

[9] 王迁. 网络版权法 [M]. 北京：中国人民大学出版社，2008.

[10] 王迁. 网络环境中的著作权保护研究 [M]. 北京：法律出版社，2011.

[11] 王迁. 著作权法 [M]. 北京：中国人民大学出版社，2015.

[12] 吴汉东. 知识产权制度国际化问题研究 [M]. 北京：北京大学出版社，2010.

[13] 吴汉东. 著作权合理使用制度研究 [M]. 修订版. 北京：中国政法大学出版社，2005.

[14] 吴建中. 公共图书馆发展战略思考 [M]. 北京：北京图书馆出版社，2007.

[15] 肖燕. 网络环境下的著作权与数字图书馆 [M]. 北京：北京图书馆出版社，2002.

［16］郑成思. 版权法［M］. 2 版. 北京：中国人民大学出版社，1997.

［17］郑成思. 世界贸易组织与贸易有关的知识产权［M］. 北京：中国人民大学出版社，1996.

［18］郑成思. 知识产权论［M］. 北京：社会科学文献出版社，2007.

二、英文著作

［1］Bennett F. M. International Copyright［M］. Oxford University Press，2010.

［2］Brett D. Rhodes. Copyright Law and a Brief Look at the Google Library Project［M］. Nova Science Pub Inc.，2010.

［3］Estelle Derclaye. Copyright and Cultural Heritage：Preservation and Access to Works in a Digital World［M］. Edward Elgar，2010.

［4］Gervais D. J. Towards a New Core International Copyright Norm：The Reverse Three – Step Test［M］. Marquette Intellectual Property Law Review. 2005.

［5］Gillespie T.，Wired Shut. Copyright and the Shape of Digital Culture［M］. The MIT Press，2009.

［6］Paul T. Jaeger, Natalie Greene Taylor, Ursula Gorham. Libraries, Human Rights, and Social Justice：Enabling Access and Promoting Inclusion［M］. Rowman & Littlefield，2015.

［7］Peter B. Hirtle. Library Copyright and Cultural Institutions：Guidelines for Digitization for U. S. Libraries, Archives, And Museums［M］. Cornell University Library，2009.

［8］Rhodes B. D. Copyright Law and a Brief Look at the Google Library Project［M］. Nova Science Publishers，2013.

［9］Senftleben M. R. F. Copyright, Limitations and the Three – step Test：an Analysis of the Three – step Test in International and EC Copyright Law［M］. Kluwer Law International，2004.

［10］Zohar Efroni. Access – right：the Future of Digital Copyright Law［M］，Oxford University Press，2011.

三、中文期刊论文

［1］吉宇宽. 图书馆合理使用的发展、限制与保障［J］. 图书馆工作与研究，2013.

［2］吉宇宽. 图书馆维护著作权法公有领域的策略研究［J］. 图书馆理论与实践，2013.

[3] 吉宇宽. 图书馆使用孤儿作品著作权侵权控制研究 [J]. 图书馆工作与研究, 2014.

[4] 吉宇宽. 公益性数字图书馆建设著作权许可模式研究 [J]. 图书馆论坛, 2011.

[5] 吉宇宽. 图书馆信息资源共享著作权豁免的法理支撑 [J]. 图书馆理论与实践, 2011.

[6] 吉宇宽. 图书馆平衡著作权私权利益与公共利益的职能审视 [J]. 图书馆学研究, 2010.

[7] 吉宇宽. 图书馆自建数据库著作权保护限制缘由透析 [J]. 图书馆论坛, 2010.

[8] 吉宇宽. 图书馆利用著作权公共许可的机遇与困境 [J]. 图书馆论坛, 2016.

[9] 黄国彬. 主要国家图书馆界对图书馆可适用的著作权例外诉求研究 [J]. 图书情报知识, 2012.

[10] 黄国彬, 符绍宏. 图书馆可适用的信息网络传播者免责例外的立法模式研究 [J]. 图书与情报, 2012.

[11] 黄国彬. 许可协议对我国可适用于图书馆的著作权例外的挤压研究 [J]. 情报理论与实践, 2012.

[12] 黄国彬. 复制权例外对图书馆数字资源长期保存的影响剖析 [J]. 图书情报工作, 2012.

[13] 黄国彬. 图书馆界对适用于图书馆的著作权例外的诉求研究 [J]. 图书馆建设, 2012.

[14] 黄国彬. 可适用于我国图书馆的著作权例外立法框架研究 [J]. 中国图书馆学报, 2012.

[15] 黄国彬. 我国可适用于图书馆的著作权例外规定及其适用障碍剖析 [J]. 图书情报工作, 2012.

[16] 黄国彬. 构建可适用于图书馆的著作权例外研究的基本理论体系 [J]. 图书馆论坛, 2012.

[17] 黄国彬. 适用于图书馆的技术措施规避例外在国外图书馆的应用剖析 [J]. 图书馆理论与实践, 2012.

[18] 黄国彬. 我国图书馆规避著作权侵权风险的对策建议——基于图书馆可适用的著作权例外 [J]. 图书馆杂志, 2012.

[19] 黄国彬. 著作权例外的内涵及其相关理论研究 [J]. 图书与情报, 2011.

[20] 黄国彬. 图书馆为研究或学习制作复制件而适用的复制权例外 [J]. 图书馆杂

志，2011.

[21] 黄国彬. 适用于图书馆的复制权例外的基本问题研究［J］. 图书馆杂志，2011.

[22] 黄国彬. 适用于图书馆的信息网络传播权例外的基本问题研究［J］. 大学图书馆学报，2011.

[23] 黄国彬. 适用于图书馆的著作权例外研究［J］. 图书馆建设，2011.

[24] 黄国彬. 适用于图书馆的技术措施规避例外的基本问题研究［J］. 情报理论与实践，2011.

[25] 黄国彬. 适用主体为图书馆的图书馆信息网络传播权例外研究［J］. 图书馆理论与实践，2011.

[26] 黄国彬. 图书馆可适用的复制权例外的若干情形研究［J］. 图书馆论坛，2011.

[27] 黄国彬，周玲玲，肖明. 适用于图书馆的技术措施规避例外现状剖析［J］. 图书情报工作，2011.

[28] 黄国彬. 适用于图书馆的著作权例外及其立法趋势［J］. 图书馆杂志，2010.

[29] 肖燕. 追寻著作权保护与权利限制的平衡——图书馆界对《著作权法》修改草案的建议与期盼［J］. 中国图书馆学报，2013.

[30] 肖燕. 《著作权法》第三次修订与国际著作权立法进展评析［J］. 图书馆杂志，2014.

[31] 肖燕. 美国《数字千年著作权法》及其对图书馆的影响［J］. 大学图书馆学报，2001.

[32] 肖燕. 《著作权法》第三次修订与图书馆界的诉求［J］. 山东图书馆学刊，2012.

[33] 肖燕. 中国图书馆立法的基础与需求［J］. 图书与情报，2006.

[34] 肖燕. 对图书馆界参与信息网络传播保护立法进程的回顾与思考［J］. 国家图书馆学刊，2006.

[35] 肖燕. 公益性图书馆网络传播豁免诉求及其合理性分析［J］. 图书情报工作，2006.

[36] 肖燕. 图书馆界参与信息网络传播权立法的实践［J］. 图书馆建设，2006.

[37] 肖燕. 非营利公益性图书馆享有的著作权豁免权利与义务［J］. 图书馆建设，2005.

[38] 肖燕. 数字图书馆建设涉及的著作权问题［J］. 国家图书馆学刊，2004.

[39] 肖燕. 美国图书馆界关于文献传递的研究与实践评析［J］. 图书馆杂志，2000.

[40] 徐轩,孙益武. 论国际图联关于图书馆版权限制与例外的立场及其启示 [J]. 图书馆论坛, 2014.

[41] 徐轩. 基于《马拉喀什条约》实施视角的图书馆无障碍服务对策研究 [J]. 图书馆, 2015.

[42] 徐轩,孙益武. 数据挖掘版权政策构建研究：研究型图书馆的立场 [J]. 图书情报工作, 2015.

[43] 徐轩,孙益武. 英国数据挖掘著作权例外条款研究及其启示 [J]. 图书馆建设, 2015.

[44] 徐轩,孙益武. 图书馆视角下的英国数据挖掘著作权例外条款研究 [J]. 图书馆杂志, 2015.

[45] 徐轩. 促进视障者获取信息的版权限制与例外研究——以《马拉喀什条约》为视角 [J]. 图书馆论坛, 2014.

[46] 徐轩. 世界知识产权组织关于图书馆版权例外的国际立法研究 [J]. 图书馆建设, 2014.

[47] 徐轩. 图书馆印刷品阅读障碍人士版权例外研究——《马拉喀什条约》述评及对中国图书馆界的建议 [J]. 图书情报工作, 2013.

[48] 赵力. 孤儿作品法理问题研究——中国视野下的西方经验 [J]. 河北法学, 2012.

[49] 赵力. 孤儿作品内涵双重推定法律问题研究 [J]. 河北法学, 2015.

[50] 赵力. 《数字时代知识发现海牙宣言》之借鉴——以内容挖掘为核心 [J]. 图书馆, 2015.

[51] 赵力. 《数字时代知识发现海牙宣言》述评与借鉴 [J]. 图书馆杂志, 2015.

[52] 赵力. 孤儿作品合理勤勉检索规则研究 [J]. 图书馆论坛, 2015.

[53] 赵力. 公共图书馆电子借阅新进展——以 VOB v] Stichting Leenrecht 案为例 [J]. 图书馆论坛, 2017.

[54] 赵力,罗晓萌. 公共图书馆视角下版权限制与许可协议协调发展研究 [J]. 图书馆建设, 2017.

[55] 赵力,王泽厚. 再议公共图书馆电子借阅新进展 [J]. 图书馆论坛, 2017.

[56] 赵力. 公共资助学术期刊开放获取规则研究 [J]. 图书馆建设, 2016.

四、英文期刊论文

[1] David R. Hansen. Copyright Reform Principles for Libraries, Archives, and Other Memory Institutions [J]. Berkeley Technology Law Journal, 2014.

[2] Hansen, David R. A State Law Approach to Preserving Fair Use in Academic Libraries [J]. Fordham Intellectual Property, Media & Entertainment Law Journal, 2011.

[3] Khong D W K. Orphan Works, Abandonware and the Missing Market for Copyrighted Goods [J]. International Journal of Law & Information Technology, 2007.

[4] Lang B. Orphan Works and the Google Book Search Settlement: An International Perspective [J]. New York Law School Law Review, 2010.

[5] Matulionyte R. E – Lending and a Public Lending Right: Is it Really a Time for an Update? [J]. European Intellectual Property Review, 2015.

[6] Michelle Connelly. The Role Of The E – Book in the Library System: A Comparative Analysis of U. S. Fair Use and U. K. Fair Dealing in the E – Lending Universe [J]. Cardozo Journal of International and Comparative Law, 2014.

[7] Orit Fischman Afori. The Battle over Public E – Libraries – Taking Stock and Moving Ahead [J]. International Review of Intellectual Property and Competition Law, 2013.

[8] Percy J. E – book Lending: the Challenges Facing Interlibrary Loan [J]. Interlending & Document Supply, 2013.

[9] Picker R C. The Google Book Search Settlement: A New Orphan – Works Monopoly? [J]. Journal of Competition Law & Economics, 2009.

[10] Tatiana – Eleni Synodinou. E – books, A New Page in the History of Copyright Law? [J]. European Intellectual Property Review, 2013.

[11] Tito Rendas. Does 'Lending' Include E – lending? Yes, Says Advocate General Szpunar [J]. Social Science Electronic Publishing, 2016.

致　谢

　　记忆里还弥散着2016年夏天获批教育部社会科学基金青年项目时候的骄阳似火，时间又一次到了缤纷飞雪的季节。为了完成书稿，牺牲和放弃了不少美好，然而，当汗水与泪水已经成为过往，当凝聚着我满怀期待与些许遗憾的书稿即将付梓，心中盈满感激。

　　我应当感谢我所在工作单位天津科技大学法政学院的领导王吉林院长、朱新华书记给予我的鼓励与支持，感谢陈杰老师、李小田老师等同事对我的帮助，感谢未曾蒙面的教育部社会科学基金项目评审专家提供给我的宝贵机会。项目和书稿是博士学位论文研究内容的拓展和深入，导师聂建强教授五年余的辛勤栽培，学生永远铭记。学生感谢武汉大学国际法研究所、武汉大学法学院诸位恩师的教导，感谢珞珈法苑一同修法悟道的同门同窗好友们的陪伴，珞珈山学习生活的美好十年，是我最美的青春记忆。

　　我应当感谢我的亲人对我的关爱和支持。年幼时父母工作繁忙，倍受曾外祖母陈玉恩女士的呵护。曾外祖母35岁时，曾外祖父惨遭日寇杀害，她虽三寸金莲、目不识丁，却一人抚养五个子女长大。90高龄的曾外祖母与我一同在灯下阅读彩色的一年级小学语文课本，是我难忘的温馨。祝愿曾外祖母在天国安好。

赵　力
天津滨海新区不飞斋